怪老子 教你
打造超值″

ETF

組合

訂 做 自 己 的 資 產 翻 倍 計 畫

怪老子◎著

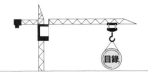

CHAPTER 2
選對投資標的

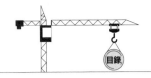

CHAPTER 4
解決實戰問題

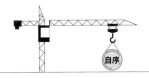

自序 投資要獲利 不能亂拳揮舞

平時我喜歡將投資學的知識運用到實務上，這就好似在擂台上比武，有份武林祕笈在手，每次出手都有招式，而不是亂拳揮舞，勝算當然就大了。

投資學就好似武林祕笈一般，把所有投資招式以及風險管理全部羅列其中，一向深受專業投資機構倚賴，只是一般投資者並不容易理解這份祕笈的奧妙。練投資這門功夫，有了祕笈，絕對能事半功倍，而這本書就是投資祕笈 ETF 篇白話版，也相信這本 ETF 書，跟你過去看過的都不一樣！

近年來流行「存股」，也就是看好一檔股票前景，只要買進後就放著，不管市場價格如何波動，靠著配息收入就有不錯的報酬。存股雖然不錯，但是存股票型 ETF，會比存個股的風險更低、獲

利更穩健，我喜歡稱之為「存股 2.0」。

與其辛苦研究個股的基本面，成天擔心財報不透明、公司高層舞弊、訂單被競爭對手搶走，把風險集中在幾檔個股上，還不如直接存股票型 ETF。ETF 持有一籃子的股票，而且是由專業的指數公司挑選，每年還會定期淘汰績效不好的股票，換成績效比較優良的。

存股票型 ETF 非常簡單，只要挑對長期趨勢往上的標的，也不用買來賣去，只要買進持有即可；什麼事都不用做，長期就可以獲得不錯的報酬率，非常適合懶人，以及所有沒時間看盤的投資者。但是，若沒有真正理解市場長期趨勢會往上的道理，就會信心不足，遇到空頭市場就會驚慌，最後在最低點殺出，結果當然是慘賠收場。

存 ETF 是我認為最好的投資方式，而且不只要存股票型 ETF，還得搭配其他資產類型的 ETF；除了可以讓資金發揮更高的效率之外，還可以兼顧風險，保護自己不會在低點恐懼殺出而功虧一簣。

本書專注於闡述 ETF 的核心知識，讓讀者確實理解為何長期持

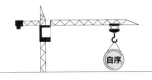

有就能獲利；而只要充分了解不同 ETF 的特性，建立適當的投資組合，就能縮小長期趨勢之間的短期波動。擁有這些知識之後，投資功力才會更扎實，遇到空頭市場時，心情才能保持淡定，不畏股市下跌，甚至能高興地逢低加碼。因為你很清楚，景氣原本就會有正常的波動循環，而股市一時的下跌只是景氣不好，當下一波景氣上來時就會回到正軌，並且創造更高報酬，這才是投資的最高境界。

投資者最容易失敗的原因是想要一步登天，所以瘋狂追求 1 天賺 10%、1 個月賺 100% 的神奇績效，卻因為沒有掌握到獲利關鍵反而大賠。長期持有 ETF 雖不能讓投資者只用短短 1、2 年就變成有錢人，卻可以達到財富穩健增值的目標；用 72 法則來估算，當我們建立一個年平均報酬率 7% 的 ETF 投資組合，10 年就能讓資產翻倍！

儘管知道長期持有 ETF 能獲得相當的報酬，但目前光是台灣能買到的 ETF 就有非常多種類，到底該挑選哪一檔比較好？本書不僅會教你挑選「市場趨勢長期向上」的 ETF，還會告訴你，如何善用投資學這份武林祕笈，以科學的方式輕鬆建立最超值、最有效率的資產組合。

　　什麼是最有效率的資產組合？簡單說就是選出適合的資產，並分配最適當的資金投入比重，就能在承擔相同風險的條件下，創造出最高報酬的組合。就算不想把閒錢全拿去買 ETF 也沒關係，也可以選擇將一部分閒錢放在定存，量身打造最適合自己的方案。本書中我特別用一個完整的章節，淺顯易懂地描述資產組合的精髓，避開深奧難懂的數學，只闡述觀念的部分，讓讀者也可以媲美專業投資機構，使用有效的招式在投資競技場中贏得一席之地。

　　雖然我已屆退休年齡，但也不喜歡倚老賣老，畢竟我自己很晚才開始投資，至今也經歷過多次股市大起大落，穩健投資是我一直以來的座右銘。期望本書得以將我多年的投資經驗，傳承給年輕的投資大眾，幫助大家理解投資獲利的正確途徑，早日達到財務自由的目的。

怪老子

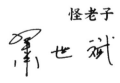

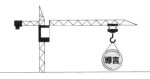

不用選股、換股、看財報
存ETF比存股更輕鬆

平凡的上班族想要加速累積財富，投資肯定是最有效的。在所有投資工具當中，股票因為資金門檻低、交易方式相對單純，特別受到散戶歡迎。

股票投資方法有很多種，我一向不崇尚投機的短線買賣，因此「存股」是我認為較符合「投資」精神的投資方法。存股簡單說，就是持有個別公司的股票，但主要獲利不是仰賴短線買賣價差，而是來自公司每年從盈餘當中配給股東的股利。

存股看似很簡單，但要持續地賺取穩定收入，對於多數投資者來說仍然有一定的難度。就從選股來說好了，該選哪幾檔股票來存？該同時持有 5 檔、10 檔，還是 50 檔？買進之後跌了 20%，該加碼還是停損？股價上漲 30% 已經賺到好幾年的股利，又該

不該先落袋為安⋯⋯這些都是不少人實際開始投資後感到苦惱的難題。

選股功力往往是存個股成敗關鍵

投資一家真正的好公司，即使遇到暫時的景氣衰退，股價下跌後還是會上漲，也照樣能穩穩配出股利。然而經營已經露出敗象的差勁公司，就算景氣再好，股價也有可能下跌，而且不見得會再漲回來，甚至股利可能再也配不出來。可以說，想要靠存股獲利，「選股」是決定成敗的一大關鍵。

選股除了得學會看財務報表，也得了解產業前景，注意大客戶是否轉單？研發團隊是否被其他公司挖走？有沒有其他競爭者威脅到公司的地位？CEO 是否有心術不正的問題⋯⋯各種跟公司經營有關的變數，都得持續關心才行。

雖然存股的基本原則是長期投資，但並不是買了之後就不用去管它喔！當公司的本質已經改變、競爭力衰退了，未來不僅無法再賺那麼多錢，配不出理想的股利，股價恐怕也會大幅崩跌，這樣的股票就不適合繼續持有。而這得倚賴投資者的判斷力，在發

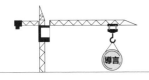

現不對勁的時候即時賣出。

可見，存股不僅要具備獨到的選股眼光，持有過程中還必須適當地汰弱留強，才能確保這些股票資產可以為自己持續帶來股利收入，並讓整體資產長時間往上增值。

ETF 自動汰弱留強，並能分散投資風險

投資者如果沒有時間鑽研個股財報以及產業發展，就很容易選錯股票，也就沒辦法順利讓資產愈長愈大，該怎麼辦？其實只需要投資對的 ETF 就能解決。我們不用自己花費心力選股，就能直接投資到一組優秀的公司。

例如投資元大台灣 50（0050）或富邦台 50（006208），等於同時投資台股當中 50 家市值最大公司的股票組合；每一季這些股票組合會自動汰弱換強，剔除不符合資格的股票，並補進符合資格的股票。

持有這種 ETF，只要買來長期放著，長期來看就能有不錯的報酬。看看 0050 的累積報酬率就知道了，假設 2003 年 6 月

表1 元大台灣50成立18年，平均年成長10.9%
——元大台灣50（0050）績效表現

	1年	3年	5年	10年	成立至今
累積報酬率（%）	35.66	72.81	127.45	266.11	563.22
年化報酬率（%）		20.00	17.86	13.86	**10.90**

註：0050 成立日期為 2003.06.25，績效結算日期為 2021.09.30
資料來源：元大投信、投信投顧公會委託台大教授評比資料

0050 剛成立時就持有至今（截至 2021 年 9 月），累積報酬率為 563.22%，年化報酬率有 10.9%；若計算近 10 年，累積報酬率則為 266.11%，年化報酬率高達 13.86%（詳見表1）。

投資 ETF 還有個優點，那就是將風險分散到 50 家公司，如果一家公司變差了，就會從投資組合裡被汰換掉，比起只存少數個股的風險要小很多。

常常聽到有人喜歡只存 1 檔個股，數量一買就是幾百張，期望每年可以領到可觀的配息。我同意只要投資有能力配發股息的好公司，就能有不錯的股息收入。但只投資 1 家公司，自然就有風

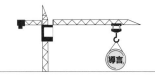
險過度集中的問題；萬一投資者忽略了這家公司潛藏的危機，以後配息愈來愈少，或者突然發生無法預料的大災情，整體資產價值以及現金流瞬間就會受到衝擊。

除了股息之外，資本利得（價差）也是不可忽視的獲利來源之一，尤其是成長股的價差才是投資者獲利的主力。然而，不管是為了資本利得或配息，我個人都不會選擇只投資單一公司，萬一這家公司獲利不好，我的整體報酬也不至於受到嚴重影響。以資產配置的精神來看，就算真的要存個股，最好也能同時持有不同產業類型，但報酬率、殖利率及配息相近的股票，那麼平均起來報酬率及配息的波動自然減低。

存個股確實有其樂趣，只是投資久了可能也會發現，靠自己選股、自己管理的長期績效不見得會比大盤平均報酬率更好。ETF儘管無法短期讓你大賺，卻能保證獲得貼近市場的報酬，既不用擔心個別公司倒閉，也不必自己換股，比起存個股實在輕鬆許多。

CHAPTER 1

建立基礎觀念

1-1 ETF是掛牌交易的基金
選對市場就能賺

　　台灣投資者對於 ETF 的接受度愈來愈高，願意買 ETF 的投資者，自然都能認可 ETF，但是為什麼好？有些人卻說不出個所以然。可能只是因為身邊親朋好友口耳相傳，也可能是看到媒體上投資者分享成功經驗所以跟著買，也有人甚至不知道自己為何要買，不清楚自己所買的 ETF 到底在投資哪些東西。

　　如果不清楚自己到底在投資什麼，自然也不會知道自己買對或買錯，買進之後要持有多久？上漲了要不要獲利了結？跌了該不該賣出停損？……用這種心態來投資，別說是讓資產翻倍了，能不賠錢就很幸運了。

　　其實 ETF 也沒有什麼艱深的學問，它和傳統的共同基金一樣，本質上都是「基金」，都是投資一籃子標的。那麼，它和「共同

基金」有什麼不同？跟「指數型基金」又差在哪裡？明明中文名稱是「指數股票型基金」，為什麼有的 ETF 卻有投資債券、期貨？

　　ETF、共同基金、指數型基金，三者的型態都是基金，都是投資者將錢信託給基金公司（投資信託公司，又簡稱投信），讓基金公司幫我們管理資產組合，只是選股、管理與交易方式不一樣罷了。

共同基金》由基金經理人主動選股

　　「共同基金」是最早出現的傳統基金型態，目前基金產業最成熟的美國，是在 1924 年根據英國的投資信託制度成立第 1 檔共同基金；台灣則是在 1986 年推出第 1 檔能讓散戶購買的共同基金。

　　台灣的共同基金市場也算相當成熟，投資範圍遍及海內外各類股票及債券市場。光是一個市場，就有數十檔共同基金可以選擇。投資者若想從中選擇表現較好的基金，就需要有比較標準；而這個標準不是只比較絕對報酬率數字，而是得與這些基金所屬組別的「指標指數」相比才行。

查詢共同基金的基本資訊，都會看到有一個欄位是「指標指數」（Benchmark Index）；只要把統計的時間拉長（至少 8 ～ 10 年），所有共同基金的績效表現，長期來說都跟它的指標指數非常相近，只有少數能贏過指標指數，有的也會輸給指標指數。因此，要評估相同市場裡的共同基金績效優劣，都會以指標指數為標準。

例如，投資台灣股票市場的基金，就要跟同期間的台灣加權股價指數相比。好比說，A 基金近 10 年累計報酬率 126%（年化報酬率 8.5%），可是同時期指標指數的累計報酬率 148%（年化報酬率 9.5%）。A 基金雖然也賺了不少錢，但是績效卻比指標指數還要差，這種成績就是不及格。

反過來也是一樣，例如受到 2020 年疫情的影響，許多基金都在短期內出現虧損；但只要虧損的幅度比同期間指標指數還要少，我們就可以說這檔基金的表現不錯。也因此，共同基金的績效目標，無非就是「創造超越指標指數的報酬率」（詳見圖 1）。

共同基金績效是否能超越指標指數，取決於基金公司經理人的操盤功力；基金公司自然得向投資者收取費用，才能支付經理人

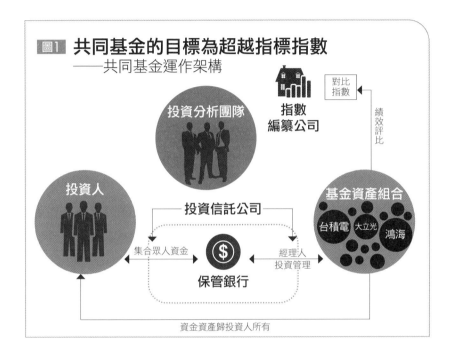

圖1 **共同基金的目標為超越指標指數**
──共同基金運作架構

投資分析團隊

指數編纂公司

對比指數

績效評比

投資人

投資信託公司

基金資產組合

台積電 大立光 鴻海

集合眾人資金

經理人投資管理

$ 保管銀行

資金資產歸投資人所有

的薪資以及維持基金運作的成本。而隨著投資環境愈來愈複雜，單憑一位經理人，不可能獨自負擔選股與管理的繁重工作；因此基金公司會成立投資管理部門，由整個研究團隊負責收集資訊、分析市場及產業發展狀況，協助基金經理人做最好的投資決策。在這樣管理體系的架構下，需要有龐大資金做後盾，使得基金費用率居高不下。

基金公司收取的費用比率不是祕密，在基金公司官網或基金公開說明書都查得到，但是很少投資人意識到費用的重要性。這些費用是基金公司直接從基金淨值當中扣走，也不會提供詳細的支出明細，投資人被扣得沒有知覺，當然也就不知道痛。然而殘酷的是，被扣走的費用愈高，投資者的整體獲利就會愈少。

此外，無論在美國或台灣，都發生過共同基金弊案而造成投資人權益受損的事件，例如台灣就發生過多次不肖基金經理人勾結企業炒作股價的弊案。高管理成本、高費用率以及舞弊問題，成了共同基金最為人詬病的地方。

指數型基金》被動複製指數成分股

既然只有少數共同基金能贏過指標指數，那麼我們乾脆選定要投資的市場，直接投資指數就好；不僅能享有貼近指數的報酬（詳見圖 2），還能免去共同基金高管理成本的缺點。

不過，指數只是一組數字，不是金融商品，要怎麼投資？我們常說的大盤就是一種指數——台灣加權股價指數，樣本是台股當中所有上市公司的市值，每家公司市值占指數的權重不同；權重

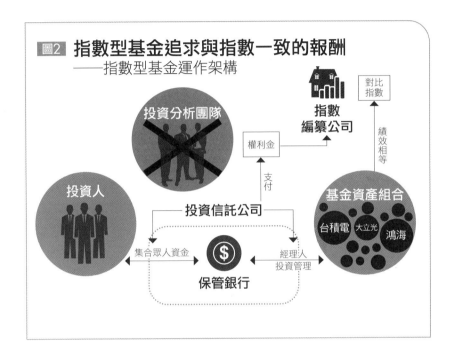

圖2 指數型基金追求與指數一致的報酬
——指數型基金運作架構

高的公司，其市值變化就會對大盤產生較大的影響力。例如市值占比最高的台積電（2330）占大盤權重約 29%（2021 年 9 月 30 日），在台積電對外發行股數不變的前提下，台積電的股價每漲或跌 1 元，就會影響大盤漲或跌約 8.47 點。

而投資者也很熟悉的台灣 50 指數，樣本數比較少，是取 50

檔權值股的市值；這 50 家公司的每日市值變化，也就形成了台灣 50 指數的波動。

所以若想投資指數，那就完全依照這些指數的成分股，按相同比重持有同樣的股票就行了。假設我打算以台灣 50 指數為投資標的，並且查到台灣 50 指數有 48% 成分股為台積電、4% 成分股為聯發科（2454）、4% 成分股為鴻海（2317）……那麼我也把投資的資產分配投資在 48% 的台積電、4% 聯發科、4% 鴻海……依此類推。

而當指數的成分股變更時，我也跟著調整，讓投資組合跟台灣 50 指數完全相同；這樣當指數漲 5% 時，我的投資組合也會漲 5%；指數跌 5% 時，我的投資組合也會跌 5%，等同於擁有與指數一致的績效。

不過，光靠自己按指數調整投資組合也不是輕鬆的事，如果能有基金公司替我們代勞，不就更省事了嗎？這種由基金公司代為投資指數的做法，在 1970 年代被付諸實現。1972 年美國出現了第一檔指數型基金「Qualidex Fund」，標的指數為美國道瓊工業平均指數，也就是按照該指數成分股配置投資組合，只不過

當時只限於法人購買。

　　而第 1 檔針對散戶銷售的指數型基金，在 4 年後於美國問世，名稱是「第一指數投資信託」（First Index Investment Trust），後來更名為先鋒 500 指數型基金（Vanguard 500 Index Fund）；這檔基金正是赫赫有名的「指數型基金之父」約翰・伯格（John Bogle）所創立，標的指數為 S&P 500 指數成分股，涵蓋市值前 500 大的企業，更能代表美國股市。

　　其實這檔指數型基金在推出初期，並未受到投資者青睞；華爾街也對它嗤之以鼻，因為它們認為投資者不會滿足於市場的平均報酬率。但是時間證明，指數型基金確實能打敗多數主動選股的共同基金，也吸引愈來愈多的追隨者。

　　由於指數型基金的經理人不必負責選股，只需要按照所追蹤指數的成分股布局即可，所以又稱為「被動式基金」；而傳統的共同基金是由基金經理人主動操作，就稱為「主動式基金」。

　　既然指數型基金只需要被動調整持股，那麼基金經理人這個角色，幾乎可以被電腦取代，也不需要分析團隊了，基金費用得以

大幅縮減；更重要的是，不用擔心衍生舞弊問題。

但是指數型基金還是有美中不足之處；因為其交易方式仍與共同基金一樣，投資者都要透過銷售基金的平台才能申購，交易過程費時，且申購時還要額外被銷售機構收取交易手續費；若銷售平台是銀行通路，又得再多付一筆信託管理費。

還有，當投資者投入一筆資金購買指數型基金，到底能買到多少基金單位，得等到收盤後結算才會知道；想要將基金贖回換現金，也得等個幾天才知道能領回多少錢。因此對投資者來說，指數型基金仍有交易成本偏高且彈性不足的遺憾，而「ETF」的出現，終於改善了指數型基金在交易上的最大缺點。

ETF》涵蓋主動式與被動式基金

簡單說，ETF 就是一種「可以在證券市場交易的基金」，讓投資者也能用買賣股票的方式交易基金，每檔 ETF 也都會有 1 組證券代號；交易成本更低廉，交易方式也更為簡便。

美國第 1 檔 ETF，是 1993 年由道富環球管理公司發行的標準

普爾存託憑證（Standard & Poor's Depositary Receipts，簡稱 SPDR），複製 S&P 500 指數的成分股，後來更名為我們如今熟知的 SPDR S&P 500 ETF，證券代號為 SPY。

而台灣第 1 檔 ETF，則是 2003 年由元大投信設立的元大台灣卓越 50 基金，是一檔以台灣 50 指數為標的指數的被動式基金；因為在台灣證券交易所掛牌上市，所以就有了證券代號 0050，證券簡稱為元大台灣 50。

當我購買 1 張台積電，等於是擁有 1,000 股台積電股權的股東；同理，我買進 1 張股票 ETF，代表我是擁有 1,000 單位受益憑證的受益人。

無論是美國或台灣，最早發行的 ETF 都是被動式的指數型基金，因此讓許多投資者以為 ETF 等於指數型基金。但只要了解 ETF 的意義，就知道不是這麼回事；像是 2008 年起，市場上也開始出現主動式選股的 ETF 型態了。若搞不清楚當中的分別，誤以為只要是 ETF，就一定是被動投資，就有可能做出錯誤的投資決定。

也或許是 ETF 在台灣的正式名稱為「指數股票型基金」，讓

表1 ETF交易方式與股票相同
——共同基金、指數型基金、ETF比較表

交易項目	ETF	指數型基金	共同基金
選股模式	被動式為大宗，極少數為主動式	被動式	主動式
績效目標	被動式ETF追求與標的指數一致的報酬；主動式ETF追求超越指數的報酬	追求與標的指數一致的報酬	追求超越指數的報酬
交易價格	市價	收盤價	
融資、融券交易	可	不可	
零股交易	可	不可	
購買方式	擁有證券戶頭的投資者可直接用股票下單平台交易	投資者須向基金銷售通路申購	
外加交易成本	與股票相同，買賣得支付手續費。賣出時同樣需支付證券交易稅，但稅率低於一般股票	申購時需支付手續費，並根據通路規定需支付信託管理費	
交易單位	與股票相同，一張以1,000股為單位；但盤中或盤後皆可零股交易	每次買進需符合最低申購金額	
定期定額	部分券商提供定期定額服務	可定期定額	
追蹤誤差（折溢價）	有	無	

投資者容易混淆，因此還不如將其英文原名 Exchange Traded Fund，理解為「證券交易所買賣之基金」或「上市買賣之基金」會更貼切。

不同於一般基金只能買到申購日收盤的價格，ETF 因為可以在證券市場交易，不僅能買到盤中價格，還能自由選擇要買整張或零股，甚至能夠融資、融券，靈活方便許多。

有了這麼好的投資工具，投資者要做的，就只剩下選擇對的市場，也就是選擇未來長時間能夠持續向上成長的市場，買進複製該市場標的指數的 ETF，並且做好資產的配置比重，就能發揮讓資產隨時間成長的效果。

1-2 投資追蹤台灣50指數ETF 相當於買進市值排行榜前段班

　　既然我們已經知道 ETF 是追蹤一檔指數的績效，投資 ETF 就等於投資指數，那麼就有必要弄清楚指數到底是什麼？為何投資指數是正確選擇？

　　「指數」是在衡量一組樣本隨著時間變動的情形，這是統計專用的名詞，例如消費者物價指數、波羅的海運價指數等，而證券市場只是指數的運用領域之一。

　　每一指數都會對樣本有明確的定義，證券市場的樣本就是權值股。除此之外，每一檔指數開始的數值又稱為「基值」，基值的時間點又稱為「基期」。台灣發行量加權股價指數，樣本就是全台灣上市公司的總市值，基期為民國 55 年（西元 1966 年）全年度，基期指數為 100，基值則是基期西元 1966 年的平均總

市值。發行量加權股價指數計算公式如下：

發行量加權股價指數＝（上市公司總市值 ÷ 基值）× 基期指數

我們光從指數就可以簡單算出同期間的股市投資報酬率，例如 2021 年 9 月 10 日加權指數收盤為 1 萬 7,475 點，相較於 1966 年時的總市值成長了 174.8 倍，累積報酬率 1 萬 7,375%，相當於 9.8% 年化報酬率。而 1 年前（2020 年 9 月 10 日）的加權股價指數，收盤為 1 萬 2,692 點，這一年的指數累積報酬率為 37.7%，算是相當高的投資報酬率。

我每次在教課時，提到若能在 1966 年時投入 10 萬元於台灣股市，持有至今價值約能變成 1,740 萬元，許多人聽到都覺得相當驚訝。為什麼台股有這麼大漲幅？大家往往會誤以為原因是 1966 年上市的股票不到 30 檔，而 2020 年上市股票共有 948 檔；也就是，指數會大幅上漲的主因是股票檔數大增的緣故。

其實並非這樣。當上市股票檔數增加時，相當於指數的樣本改變了；為了保持指數的連續性，公式中的基值也要跟著調整，才不會受到樣本更動的影響，否則指數就失去原有的意義。所以正

確來說，指數上漲這麼多並非因為股票檔數變多，而是上市公司的整體「市值」愈來愈大所造成。

「加權股價報酬指數」才能代表台股總報酬表現

另外，當股票配發現金股利時，股價就會除息，也就是把前一天的收盤價扣掉股利，那麼股票的市值就會減少。對長期持有的投資者來說，想要正確計算持有股票的報酬率，也應把股利考量進去。因此，台灣證券交易所（以下簡稱證交所）除了發行量加權股價指數（以下簡稱加權股價指數）之外，也另外編製了一檔還原股利的「發行量加權股價報酬指數（以下簡稱加權股價報酬指數）」，這就是總報酬的概念。這個指數可以在證交所網頁（www.twse.com.tw）上查詢（詳見圖解查詢）。

台灣加權股價指數與加權股價報酬指數的走勢如圖 1 所示。2021 年 8 月 31 日發行量加權股價報酬指數已來到 3 萬 4,530點，同一日的發行量加權股價指數只有 1 萬 7,490 點，兩者將近 1 倍的差距，不能不有所區分。將配息還原的指數又稱為「總報酬指數」，對長期投資者來說，要觀察的應該是總報酬，而不是只有股價的指數。

圖1 台灣加權股價報酬指數還原股利的報酬
——台灣加權股價指數vs.加權股價報酬指數

註：1. 資料期間為 2003.01.02 ～ 2021.08.31；2. 日期節點皆為每年
1 月 2 日
資料來源：台灣證券交易所

依照市值篩成分股，台灣 50 指數與大盤連動性高

台灣加權股價指數的樣本數將近 1,000 檔，指數型基金或 ETF
要追蹤這麼龐大的樣本並不實際，於是出現了台灣 50 指數，這
是由富時羅素指數公司（FTSE Russell）與證交所合編，樣本是台
灣上市股票市值前 50 名，並且以股數流通性以及市值調整權重。

台灣 50 指數每一季會調整一次成分股名單，我喜歡稱之為「市

值排行榜」。至於哪一檔個股會被納入榜單，以及哪一檔個股會退出榜單，並不是由指數公司決定，而是市場決定。簡單説，市值決定一切，只有前 50 名可以留在排行榜內。

而為了避免過度頻繁更動權值股，台灣 50 指數設有前後 10 名的緩衝區。榜外個股除非直接跨過 40 名內才會進入新榜單，然後把最後 1 名擠掉；至於榜單內的個股，除非退出 60 名外，否則也不會剔除。但因為只會留 50 檔個股，因此有的股票即使暫時還待在 50 ～ 60 名內，一旦新成員進入，落後的股票就會被擠出榜單。

可以發現，台灣 50 指數有這樣一個汰弱換強的機制，讓它能夠永遠持有台股最強的 50 檔股票。國內目前追蹤台灣 50 指數績效的 ETF，有元大台灣 50（0050）和富邦台 50（006208）這兩檔；持有這樣的 ETF，等同於持有等比率的權值股，只要指數漲 10%，這兩檔 ETF 的漲幅也會是 10%；反向也是一樣，指數下跌 10%，這兩檔 ETF 也會下跌 10%。

「台灣 50 指數」雖然只持有 50 檔股票，但它基本上可以代表大盤，因為它與「台灣發行量加權股價指數」的含息總報酬率

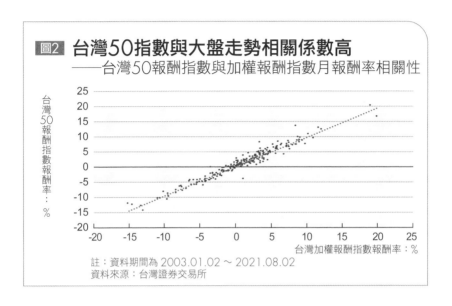

圖2 台灣50指數與大盤走勢相關係數高
——台灣50報酬指數與加權報酬指數月報酬率相關性

（縱軸：台灣50報酬指數報酬率：%；橫軸：台灣加權報酬指數報酬率：%）

註：資料期間為 2003.01.02 ～ 2021.08.02
資料來源：台灣證券交易所

是非常接近的。所有上市公司中，市值前 50 名的公司就占了總市值的 71%，兩檔指數的相關性高達 97.3%（詳見圖 2）。

　　只要台灣發行量加權股價指數上漲，台灣 50 指數幾乎一定會上漲；台灣發行量加權股價指數走跌，台灣 50 指數也幾乎一定會跟著跌，而且漲跌幅也會差不多。

　　看看這兩檔的報酬指數萬元績效走勢圖，可以看到兩者幾乎是

圖3 台灣50報酬指數與大盤報酬率差距極小

台灣50報酬指數與台灣加權股價報酬指數萬元績效

台灣50報酬指數與台灣加權股價報酬指數績效表

年數 (年)	台灣加權股價報酬指數		台灣50報酬指數	
	累積報酬率 (%)	年化報酬率 (%)	累積報酬率 (%)	年化報酬率 (%)
1	43.2		39.6	
3	74.5	20.3	80.3	21.7
5	131.7	18.3	141.1	19.2
10	187.5	11.1	232.8	12.8
15	371.9	10.9	395.0	11.2

註:1. 資料日期至 2021.08.02;2. 圖中的日期節點皆為每年 1 月 2 日
資料來源:台灣證券交易所

貼著一起走（詳見圖 3）。

　　也就是說，持有台灣 50 指數，幾乎就是持有台灣發行量加權股價指數，而且是表現最好的 50 檔；投資者也不用思考怎麼換股，因為指數公司每季就會檢討一次，淘汰掉比較差的，換上表現比較好的股票。

市值比股價更重要，台積電才是真股王

　　市值可以當成一個指標嗎？是的，市值排名愈前面，未來性就會愈好。外行人習慣用股價來看一檔股票，內行人則是看市值。

　　台灣 50 指數就像美國 S&P 500 指數一樣，會納入市值表現最優的幾家公司，股價只是每 1 股的價格，必須乘上對外發行股數才是總市值。因此每股的股價高低跟公司發行股數有關，即便公司的總市值不高，也可以有很高的股價，只要發行的股數變少即可；簡單說，就是分母變小就好。

　　市值是一檔股票的總價值，可以看成一塊大餅，那麼每一股的價格就像切成一份的小餅（詳見圖 4）。發行股數愈多，就是將

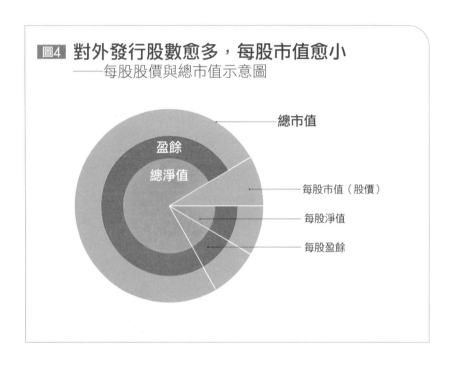

圖4 對外發行股數愈多,每股市值愈小
——每股股價與總市值示意圖

總市值

盈餘

總淨值

每股市值(股價)

每股淨值

每股盈餘

大餅切愈多份,每一份小餅就愈小。市值成長就代表整塊大餅要變大,所以一檔股票的總價值應該要以市值為準,而不是只注意每股股價的高低。

就以台積電(2330)跟大立光(3008)這兩檔股票來說,2021年9月10日台積電的收盤價622元,對外發行股數

表1 台股市值前20大皆為知名大企業
——台灣上市公司市值前20名個股

名稱	證券代號	市值（億元）	名稱	證券代號	市值（億元）
台積電	2330	161,287	南　亞	1303	6,971
鴻　海	2317	14,972	台　塑	1301	6,315
聯發科	2454	14,711	中　鋼	2002	6,152
台塑化	6505	9,202	日月光投控	3711	5,609
中華電	2412	8,572	台　化	1326	4,812
聯　電	2303	8,473	萬　海	2615	4,692
富邦金	2881	7,941	中信金	2891	4,475
國泰金	2882	7,796	兆豐金	2886	4,413
長　榮	2603	7,063	陽　明	2609	4,383
台達電	2308	6,987	統　一	1216	3,886

註：資料日期為 2021.09.10　　資料來源：台灣證券交易所

259 億股，總市值 16 兆 1,287 億元。而同日大立光收盤價
2,555 元，對外發行股數 1 億 3,400 萬股，總市值 3,427 億元。
雖然大立光的股價為台積電的 4.1 倍，但是台積電的總市值卻是
大立光的 47 倍之多。

要成為最高市值的公司並不容易，除了股價要高之外，發行股

數也必須相對多才行，這代表公司必須達到一個相當龐大的規模。而且，一家公司的股票市值要能持續成長，不僅股價要持續上漲，盈餘也必須同步成長；只有股價上漲但盈餘沒成長，就會形成泡沫。

盈餘成長必須有優良營運做後盾；也就是說，市值愈高的股票，營運規模愈大，營運績效也愈好。台灣市值最高的股票就是台積電，占國內整體上市公司的 30.28%，而第 2 名的鴻海（2317）市值僅有 1 兆 4,972 億元，占整體上市公司 2.81%。

從 2021 年 9 月 10 日台灣上市公司市值前 20 名的股票來看（詳見表 1），幾乎每一檔都是赫赫有名的企業，若不是年年賺錢，市值不會上升到全台灣前幾名。尤其是第 1 名的台積電，儘管股價不是最高，市值卻居台股之冠，被稱為「護國神山」當之無愧。

既然已經有指數公司幫我們列出了市值排行榜，那麼只要投資指數，就等於能持續擁有榜單中的股票，這也是為什麼我認為持有追蹤市場指數的 ETF，是最好的投資方式。

圖解查詢　查詢發行量加權股價報酬指數

Step 1 進入證交所首頁（www.twse.com.tw）後，點選❶「指數資訊」，之後再選❷「發行量加權股價報酬指數」。

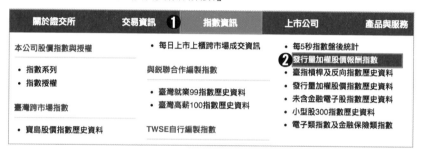

Step 2 接著，便可以看到發行量加權股價報酬指數，可選擇欲查詢的❶「資料日期」，或是❷下載 CSV 檔案以便在 Excel 製圖。

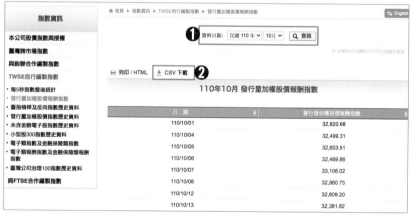

資料來源：台灣證券交易所

1-3 追求投資資產成長 不應執著高配息率

　　許多投資者總喜歡用「配息率」作為投資決策，於是市場上紛紛出現高配息商品，因為只要打出高配息口號就一定能吸引投資者買單。

　　再次強調，任何投資商品除了配息之外，資本利得（俗稱價差）也是很重要的獲利來源，所以法人機構都會用「總報酬」（配息＋價差）評估投資績效。雖然總報酬為專業機構所採用，但卻得不到多數散戶的認同，讓我百思不得其解。經過詳細探究原因，才發現許多投資者認為，只有配息才是真正拿到手的獲利，而價差是尚未實現的獲利，是有可能再跌回去的。

　　投資者對資本利得或價差沒信心，原因在於對股價的漲跌不夠理解。影響股價漲跌的因素，除了短期市場波動之外，另外一個

重要因素是個股獲利持續成長，也就是盈餘一年比一年多。市場
短期的波動造成的價差的確不可靠，但是因為實質獲利成長所推
動的股價上漲，卻是扎扎實實地一波一波往上走。

成長型公司配息低，用盈餘創造更高的市值成長

公司盈餘與市價的關係如圖 1 所示，橘色的是股票的總淨值，
紅色的是盈餘，而整塊大餅則是總市值。盈餘的金額是企業營運
的獲利，表現在財務報表的綜合損益表。而市值當中的灰色部分
是市場決定的價值，隨時都在變動。

每年公司的盈餘若沒有配發出去，就會放入總淨值當中，也就
是留在公司裡繼續投資。只要每年的盈餘持續上升，留在總淨值
裡部分就會愈來愈多，這塊餅也會愈來愈大，市場賦予的股價就
會愈來愈高。也就是説，盈餘沒有以現金配發給股東，總淨值才
會長大，總市值這塊餅也才會跟著變大。

簡單説，短期市場波動所造成的上漲是虛胖，終究得校正回歸；
但是獲利支撐的上漲是實實在在的，會讓圖 1 中橘色這塊餅一直
變大，股價也就不會回頭；由於價差跟配息都是透過營運獲利得

圖1 總市值是市場賦予的價值
——市值、淨值、盈餘示意圖

總市值

盈餘

總淨值

來，都是一樣的扎實。

　　就拿護國神山台積電（2330）這檔股票來看（詳見表1），2013 年度每股盈餘 7.26 元，2020 年度每股盈餘 19.97 元，7 年成長了 175%。股價 2013 年平均收盤價 104.09 元，2020 年則是 378.65 元，平均收盤價上漲 263%。可以很明顯地看出，台積電股價上漲的支撐來自於獲利的成長。

表1 2013～2020年台積電股價上漲超過2倍
——台積電（2330）vs.中華電（2412）

名稱 （代號）	年度	每股盈餘 （元）	現金股利 （元）	平均現金殖利率 （%）	年度平均股價 （元）
台積電 （2330）	2013	7.26	3.00	2.88	104.09
	2020	19.97	10.00	2.64	378.65
中華電 （2412）	2013	5.12	4.53	4.81	94.11
	2020	4.31	4.31	3.95	109.25

註：平均現金殖利率＝現金股利／年度平均股價
資料來源：台灣證券交易所

　　再看台積電的現金股利，2013 年每股盈餘 7.26 元卻只配發現金 3 元，剩下的 4.26 元留在公司持續投資；2020 年每股盈餘 19.97 元，卻只配發現金股利 10 元，當然剩下的 9.97 元留在公司裡，所以台積電的淨值也是一路成長，這也代表橘色這塊餅也一直長大。

　　盈餘留在公司沒配發出去，殖利率（現金股利占股價的比率）當然就低了，2013 年時平均殖利率僅有 2.88%，到了 2020 年的平均殖利率也只有 2.64%，殖利率實在不值得一提，但是股價成長卻很驚人，而且也很難跌回去了。

　　台積電因為處於產業成長期，營收要繼續成長，必須擴大營業規模，那就得蓋新廠房、買設備、聘用更多人力，這些都需要資金。舉債（借貸）投資雖然也是獲取資金來源的方法，但是舉債會有利息支出負擔，如果不想舉債太多，還能從哪裡拿到錢呢？最優質的資金來源就是平時營運所賺來的盈餘。

　　因此，像台積電這種成長期的公司，就沒辦法把賺來的盈餘全部配給股東，得留下大部分盈餘拿去再投資才行，當然可配發給股東的現金就比較少。

　　等到未來半導體產業處於成熟期時，需求不再成長，盈餘就有機會全部配發出來，到那時候股價也很難再上漲，殖利率也會攀高。也就是說，目前成長型公司沒有配出來的現金，可以期待未來配發更多回來；這就好似想往上跳高，必須先蹲下來才會跳得高，道理是一樣的。

　　2021 年 7 月台積電股東會時，面對小股東質疑現金股利配太少，董事長劉德音就說了，公司面臨快速發展，必須做很多投資與布局。這就是成長型公司難有高殖利率的主要原因，要是把賺來的錢都配出去了，哪來的錢可以投資，讓公司愈賺愈多錢？

成熟型公司配息和股價一樣穩定

與台積電最鮮明的對比就是中華電（2412），中華電的現金配息一直都很穩定，配息率和現金殖利率也比台積電高很多。從表 1 可以看到中華電 2013 年每股盈餘 5.12 元，現金配息 4.53 元，盈餘的 88.5% 全部配發現金了。2020 年更是厲害，每股盈餘 4.31 元，現金配息也是 4.31 元，盈餘的 100% 全部配發現金，當然殖利率就居高不下了。

也因為盈餘都配發出來了，所以淨值那塊橘色餅一直沒有長大，股價當然也不會成長，2013 年收盤平均價 94.11 元，2020 年 109.25 元，只有微幅成長 16%。

道理也很容易理解。電信產業處於成熟期，中華電營收靠手機話費及上網，目前幾乎人手一機，所以營收已經飽和，每年幾乎沒有太大改變，獲利當然很穩定。營收不會成長，獲利也就不會成長，股價當然停滯不前。

因此，若發現某些公司的配息率超過 100%，也就是每股現金股利大於每股盈餘，別以為是股東賺到了，這實際上代表著股東

本金的流出。現金股利是從每年的獲利配出來的，要是 1 年當中配出的現金股利已經超過 1 年所賺的錢，代表公司是把原本屬於股東的本金給配了出去，簡單說就是「用本金來配息」，把股東的錢從左口袋放到右口袋罷了。

從產業生命週期來看，公司在經歷成長期之後會進入成熟期，而成熟期之後將面臨衰退期，只是時間長短有所差別，也還不至於從成熟期迅速轉為衰退。唯有處在成長期的公司，才會將多數盈餘留下再投資，股價也才會穩定上漲；到了成熟期就會跟中華電一樣，將手中滿滿現金配給股東，股價則是文風不動。

高股息代表公司股價難有大幅成長

雖然台積電獲利高度成長，但也並非每一檔低配息率的個股，都會像台積電一樣有良好的成長。有些公司缺乏競爭優勢或經營遠見，即便盈餘再投入，也無助於獲利成長，當然就無法帶動股價上揚。

為了避免選到錯誤的公司，最妥當的方式就是投資 ETF，一次持有一籃子股票；不追求每一檔個股獲利都會成長，只要能獲得

表2 **0056強調高股息，股價成長不如0050**
——元大台灣50（0050）vs.元大高股息（0056）

名稱 （代號）	年度	每股盈餘 （元）	現金股利 （元）	平均現金殖利率 （％）	年度平均股價 （元）
元大台灣50 （0050）	2013	3.31	1.35	2.40	56.16
	2020	5.19	3.75	3.87	96.94
元大高股息 （0056）	2013	1.82	0.85	3.61	23.53
	2020	2.34	1.60	5.61	28.54

註：1. 每股盈餘為怪老子自行計算；2. 平均現金殖利率＝現金股利／年度平均股價
資料來源：台灣證券交易所、元大投信

市場平均報酬即可，而這也是資產配置的精神。

ETF 也有不同類型之分，目前台股最主流的 ETF 類型就是市值型及高股息型，分別以元大台灣 50（0050）以及元大高股息（0056）為代表。0050 的成分股是台股市值最大的 50 檔股票，因此不會特別強調配息，且自然會納入多檔績優股及成長型股票；而 0056 則是僅標榜高配息，兩者的績效就有很大的差別。

表 2 是 0050 和 0056 在 2013 年與 2020 年的盈餘、股價與殖利率表現。這 7 年期間，0050 的價差相當明顯，2013 年

到 2020 年，每股盈餘從 3.31 元到 5.19 元，成長了 57%；年
度平均收盤價從 56.16 元到 96.94 元，上漲幅度為 73%，可
以看出盈餘成長帶動了股價的上漲。

　而強調高股息的 0056 就遜色許多，2013 年～ 2020 年每
股盈餘從 1.82 元到 2.34 元，成長了 29%；年度平均收盤價從
23.53 元到 28.54 元，成長幅度僅 22%。整體而言，0056 的
殖利率平均都比 0050 高出許多，但是股價成長就輸了一大截。

　也可以這麼説，高股息是股價上漲的反向指標，因為高配息率
代表公司獲利沒有持續投入，未來的獲利也不易成長。只要股價
上漲來自於獲利的成長，這樣的資本利得就會是扎實的，投資者
也不用擔心只是曇花一現。

　因此，只要投資者追求的是長期資產成長，就沒必要執著於高
額配息，不妨把重點放在市值的增加，整體報酬才會愈來愈高，
而一味追求高配息的人則忽略了這一點。

投資長期趨勢向上市場
以不停利為原則

1-4

投資 ETF 的原則就是選擇「長期趨勢往上」的市場，而且根本不需要策略，只要分批買進、長期持有就行。一旦市場長期趨勢走平或向下，任何策略都難以成功。那麼趨勢無法預測的市場呢？除非擁有預知能力，不然即使是股神巴菲特（Warren Buffett）也很難賺得了錢。

當我們選好了市場以及要投資的 ETF，原則上也沒有停利的必要。而為什麼有些人看到所買的 ETF 有了 10%、20% 的獲利就會想要停利？他們一定沒有享受過 1 倍、甚至 10 倍以上報酬率的成果。只不過賺了一些，就開始擔心「萬一跌回去，不就紙上富貴一場？」所以只能賺些蠅頭小利，想要財富自由可就難了。

看到上漲就想要停利，是因為不相信股票會一直漲上去。要破

除這迷思，得深入理解股票會長期上漲的道理，才願意長期持有，並取得最大獲利。

　　舉個例子來說，元大台灣50（0050）這檔ETF從2020年3月19日新冠肺炎股災的低點68.55元開始上漲，2021年7月15日漲到了141.8元，不過1年多的時光，漲幅就高達107%。如果看到20%、30%就要停利，不就錯失了獲利更多的機會？

　　若將投資方式分類，最簡單可分為短線操作及長期持有。「短線操作」當然要停利，畢竟股票及股票型ETF，短期的表現不是漲就是跌，賺了還不跑，難道要等下跌？短線操作就是在賭未來幾天的漲跌，漲了就贏了，下跌就輸了。

　　但投資不是賭博，看好一家公司的未來前景，才值得拿錢投資這檔股票，然後靜待公司努力經營的成果。只要公司持續獲利，價值就會一路成長，股價也會一路往上，「長期持有」的投資者當然就不用停利。

　　我並不是說股價大幅上漲後，不會回檔修正。只要長期趨勢往

上，任何的修正都是休息，累積能量才能繼續往上走，這就好似先蹲後跳才能跳得高一樣。所謂長期趨勢往上，並不是一條直線往上走，而是沿著這條線上下，一波一波往上走，而且每次波峰都比上次還要高。

台灣 50 指數、MSCI 台灣指數長期皆往上走

當然，並不是每一檔個股都可以持續獲利，也得挑對股票才行，只是這對沒有財經背景的人似乎有些困難。就是因為這緣故，才需要指數編製公司與投資信託公司等資產管理公司，專門替投資大眾挑選好股票。

明晟公司（MSCI，原名為摩根史坦利資本國際）以及富時羅素（FTSE Russell），都是全球知名的指數編製公司，針對全球或某一區域的股票市場，尋找足以代表該區域或單一產業的權值股。而投資信託公司就可以發行追蹤這些指數的 ETF，讓投資者能透過 ETF 間接持有這些權值股。

以台灣投資者最熟悉的台灣 50 指數為例，就是由富時羅素公司及台灣證券交易所合編的，這檔指數的選股核心邏輯是納入台

灣市值前 50 名的個股，看似非常簡單，但可別小看了這指數，認為市值排名誰不會？

　　話不能這麼說，要是事先不說，你可能也不知道以市值排名是一種很有效的選股方法；不只這樣，總共要納入幾檔？每一檔的權重要給多少？多久要審核調整一次？該怎麼決定汰換原則？……這些都是專業知識，一般散戶不容易做到。

　　台灣 50 指數當中的成分股真的都很值得投資嗎？是否真的都有獲利？看看表 1 就知道了，這張表是台灣 50 指數 2021 年 8 月市值排名前 10 名個股，於 2014 年～ 2020 年的每股盈餘（EPS）。市值排名由上至下，第 1 名為台積電（2330），其次為聯發科（2454）、鴻海（2317）……等。可以看出，這 10 檔股票在這 7 年每一年度都有獲利，沒有一年是沒有賺錢的，尤其台積電獲利更是一年比一年高。

　　表 1 中所列的獲利只是財務報表上的數字，而表 2 則列出投資這 10 檔股票的投資報酬率。以 2021 年 8 月 1 日為基準日，列出最近 1、3、5、10 年的累積報酬率，以及年化報酬率。可以看出台積電表現得最好，10 年累積報酬率高達 1,062.1%，

表1 0050市值前10名個股，近7年度從未虧損
——0050市值前10名之每股盈餘

股票名稱 （代號）	每股盈餘（元）						
	2020	2019	2018	2017	2016	2015	2014
台積電 （2330）	19.97	13.32	13.54	13.23	12.89	11.82	10.18
聯發科 （2454）	26.01	14.69	13.26	15.56	15.16	16.60	30.04
鴻　海 （2317）	7.34	8.32	8.03	8.01	8.60	9.42	8.85
聯　電 （2303）	2.42	0.82	0.58	0.79	0.68	1.08	0.97
台達電 （2308）	9.81	8.90	7.00	7.08	7.24	7.67	8.49
富邦金 （2881）	8.54	5.46	4.52	5.19	4.73	6.21	5.89
南　亞 （1303）	3.24	2.91	6.65	6.87	6.16	4.50	4.00
台　塑 （1301）	3.15	5.86	7.78	7.76	6.19	4.85	2.81
中　鋼 （2002）	0.05	0.57	1.58	1.09	1.04	0.49	1.43
國泰金 （2882）	5.41	4.76	3.95	4.47	3.79	4.58	3.93

資料來源：公開資訊觀測站

表2 台積電近10年年化報酬率高達27.8%

公司名稱 （代號）	10年報酬率（%）		5年報酬率（%）	
	累積	年化	累積	
台積電（2330）	1,062.10	27.80	283.30	
聯發科（2454）	341.80	16.00	323.90	
鴻　海（2317）	159.10	10.00	38.80	
聯　電（2303）	649.40	22.30	508.00	
台達電（2308）	351.90	16.30	93.70	
富邦金（2881）	205.70	11.80	116.30	
南　亞（1303）	89.30	6.60	82.30	
台　塑（1301）	70.40	5.50	60.80	
中　鋼（2002）	66.20	5.20	96.00	
國泰金（2882）	156.10	9.90	70.20	

註：資料日期至 2021.08.01　　資料來源：台灣證券交易所

年化報酬率 27.8%。如果 10 年前投入 10 萬元，現在價值 106 萬元。

　其實這 10 檔股票的表現都非常不錯，累積報酬率平均起來也有 315%。其中，南亞（1303）、台塑（1301）以及中鋼

──0050市值前10名報酬率表現

5年報酬率（％）	3年報酬率（％）		1年累積報酬率（％）
年化	累積	年化	
30.80	146.80	35.10	38.80
33.50	294.30	58.00	70.30
6.80	24.20	7.50	47.00
43.50	274.90	55.30	180.50
14.10	141.20	34.10	47.60
16.70	74.20	20.30	89.20
12.80	14.90	4.80	44.50
10.00	0.70	0.20	30.70
14.40	60.20	17.00	89.70
11.20	19.20	6.00	44.00

（2002）表現雖然稍弱，但 10 年累積報酬率也有 89.3%、70.4%、66.2%。

台灣 50 指數就是持有這些優秀的個股，所以追蹤這指數的元大台灣 50 以及富邦台 50（006208）這兩檔 ETF 表現都不

錯。根據元大投信網站公布的 0050 績效，近 10 年績效已超過
200%，近 5 年則超過 100%；會有這樣的報酬率都不是偶然，
而是這些權值股努力經營所得到的結果。

我只是用大家比較熟悉的台灣 50 指數說明，其他追蹤台灣股
市的指數，還有國際知名的 MSCI 指數公司所發行的「MSCI 台
灣指數」，而台灣及美國投信也都有發行追蹤這檔指數的 ETF，
例如台灣的元大 MSCI 台灣（006203）、富邦摩台（0057），
以及美國的 iShares MSCI 台灣 ETF（EWT）。根據元大投信網
站資訊，006203 的績效跟 0050 也十分貼近。

不管是追蹤台灣 50 指數的 ETF，或是追蹤 MSCI 台灣的
ETF，都是長期趨勢往上。圖 1 是 0050 及 EWT 的長期績效圖，
可以看出當中經歷了 2008 年金融海嘯，以及 2020 年因新冠
肺炎疫情影響大跌。然而，只要大跌過後總會繼續往上走，原因
很簡單，這些公司都是台灣頂尖的企業；而股價下跌的原因有很
多，不外乎大環境的經濟景氣影響最大，但只要景氣好轉，這些
公司總是帶頭起跑。

會使用 iShares 發行的 EWT 來跟 0050 比較，而不是用

圖1 **0050及iShares發行的EWT長期趨勢皆往上**
——0050及EWT近18年總報酬萬元績效

註：資料統計期間 2003.06.25 ～ 2021.08.13
資料來源：晨星

0057 或 006203，主要原因是 EWT 發行時間比 0050 還要早，而 0057 及 006203 發行時間都比 0050 還要晚，因此選擇 EWT 與 0050 才能比較最久的績效。

會持續上漲的資產，股災時反而該逢低買進

即便長期趨勢往上不用停利，但是難免會遇到像金融海嘯或疫情大跌，這時候難道什麼事都不用做嗎？事後諸葛很容易，早知

道會跌那麼深,當然就要先賣掉,問題就是當時不知道會下跌多少,也不會知道何時會漲回來;就好似 2020 年 3 月 19 日因疫情大跌,當時賣掉的人應該都很後悔。

其實,遇到股災大跌這種狀況,心中請謹記一點,只要手中持有的權值股都是一時之選,或持有的是追蹤整體市場的市值型股票 ETF,都沒有在股災時賣掉的道理!更積極的做法就是加碼買進,也是「別人恐懼時我貪婪,別人貪婪時我恐懼」這句話的最好體現。

停利是「短線操作」的獲利思維;「長期持有」依賴的則是資產持續賺錢的能力,停利只會減少獲利。ETF 既然是專業投資機構挑選出來的,有它們幫忙管理,身為投資者只要持有就可以了。只要弄懂這道理,就有辦法做到「手中有 ETF,心中無股價」的最高境界。

1-5 提升投資報酬率
才能加快資產翻倍速度

　　常看到有些存股族每年光是靠現金股利就有幾百萬元收入，看起來好似投資功力很厲害。而想要效法的散戶，跟著投資一段時間後，很可能會發現資產沒有明顯成長，導致很難繼續堅持投資下去。

　　當能夠投資的本金不多，別說是年領現金股利 100 萬元了，要 1 年領到 10 萬元都不容易；因此無論如何，都得先想辦法把資產累積到夠大的部位，才能看到資產快速成長。

　　要怎麼讓資產愈滾愈大？祕訣就在於「投資報酬率」，投資報酬率愈高，資產翻倍的速度就愈快。例如甲乙兩人投資 1 年後同樣賺到 12 萬元，要比較誰厲害，就得看他們當初投入的本金是多少。甲的本金是 100 萬元，賺 12 萬元代表他的投資報酬率

12%；乙的本金400萬元，也賺12萬元，投資報酬率就只有3%。

如果甲平均每年都能賺 12%，那麼只需要 6 年就能把本金翻 1 倍，24 年後甚至能將 100 萬元滾到大約 1,500 萬元。

乙如果平均每年只賺 3%，翻倍速度就慢了，要等 24 年才能將 400 萬元翻到 800 萬元左右，明顯輸給甲一大截。

本金相同情況下，才能比較投資獲利多寡

投資者在挑選股票或 ETF 時，也常常忽略報酬率的重要性。就以大立光（3008）和台積電（2330）為例，假設 3 個月後大立光股價從 2,000 元漲到 2,200 元，1 張可以賺 20 萬元；而台積電則從股價 600 元漲到 720 元，1 張可以賺 12 萬元，你會想買哪一檔？

如果只看獲利金額，能賺 20 萬元的大立光，好像比賺 12 萬元的台積電更有看頭。不過別忘了，兩者的股價有很大差異，買 1 張大立光要 200 萬元，買 1 張台積電則是 60 萬元；投資金額不同，就無法公平比較。

要公平比較，必須用相同的投入金額，並計算報酬率來評估才對。按上述的假設，買 1 張大立光的金額，可以買 3 張又 333 股的台積電；因此台積電從 600 元漲到 720 元，3 張又 333 股的獲利金額近 40 萬元左右（＝每股賺 120 元 ×3,333 股），也就是大立光獲利金額的 2 倍。再來計算投資報酬率，大立光的累積投資報酬率只有 10%，而台積電則是 20%，以這例子來說，當然是台積電的獲利比較好。

不論股價高低，追蹤同指數 ETF 報酬率都相同

投資者也常常誤以為，高價股太貴，低價股很便宜，所以總是喜歡買低價股。就以 ETF 來說，報酬率理應與所追蹤的指數報酬率一致，因此追蹤同一檔指數的兩檔 ETF，就算市價高低不同，但最終的報酬率都是一樣的；指數上漲 5%，這兩檔 ETF 也都會上漲 5%，與 ETF 的市價高低無關。

表 1 列出 3 組追蹤相同指數的 ETF，其中元大台灣 50（0050）及富邦台 50（006208）都是追蹤台灣 50 指數，若是不管費用率，投資這兩檔的總報酬都會一樣。兩者差異就是市價不同，0050 在 2021 年 10 月 7 日收盤價 135.35 元，006208 卻

表1 元大台灣50、富邦台50皆追蹤台灣50指數

——3組追蹤相同指數的ETF

追蹤指數	ETF簡稱	證券代號	2021.10.07收盤價
台灣50指數	元大台灣50	0050	新台幣135.35元
	富邦台50	006208	新台幣77.75元
MSCI台灣指數	元大MSCI台灣	006203	新台幣64.25元
	富邦摩台	0057	新台幣91.95元
標普500指數（S&P 500 Index）	元大S&P500	00646	新台幣37.63元
	iShares Core S&P 500 ETF	IVV	440.27美元
	SPDR S&P 500 ETF Trust	SPY	438.66美元

資料來源：台灣證券交易所、Yahoo Finance

只要77.75元，這會讓投資者有錯覺，好似買006208較便宜。

　　然而，同樣5%的報酬率，買1張比較低價的006208，獲利金額當然也會比買1張高價的0050更少。當我們不考慮「買1張各能賺多少錢」，而是考慮「投入相同金額各能賺多少錢？」就能發現不管買哪一檔，報酬都是一樣的。例如，同樣投入100萬元於0050及006208（詳見表2），假設於2021

表2 投入100萬元於追蹤相同指數ETF，獲利亦同
——投資100萬元於元大台灣50及富邦台50績效

	元大台灣50（0050）	富邦台50（006208）
收盤價（元）	135.35	77.75
股數（股）	7,388	12,862
指數漲5%之每股獲利（元）	6.77	3.89
總獲利金額（元）	50,016	50,033

註：1. 股數四捨五入至整數位；2. 每股獲利四捨五入至小數點第 2 位；3. 總獲利金額＝股數 × 每股獲利

年 10 月 7 日當天用收盤價買進，0050 只能買到 7,388 股，而 006208 可以買到 1 萬 2,862 股。

若是之後台灣 50 指數漲了 5%，那麼 0050 及 006208 也都會漲 5%。高價的 0050 漲 6.77 元，低價的 006208 只漲 3.89 元；但分別把上漲金額乘上買入股數，就能算出兩檔的獲利都是約 5 萬元，也就是投入金額 100 萬元的 5%。

上述兩個例子都是台灣投信發行的台股 ETF，不管哪一檔的市

價比較高，投資的結果都相同。但是同樣追蹤美股指數的 ETF，國內外投信發行的就有些差別。

　　以 3 檔同樣追蹤美國 S&P 500 指數的 ETF 為例，分別為國外投信發行的 iShares Core S&P 500 ETF（IVV）、SPDR S&P 500 ETF Trust（SPY），以及國內投信發行的元大 S&P 500（00646）；既然 3 檔都是追蹤同一指數，績效應該要一樣才是。但是這 3 檔除了費用率不同之外，計價幣別也不同，以及非美國人領配息需要扣稅等問題，都會使得國內外投信發行的 ETF，在衡量績效上又複雜一些（關於匯率與費用率對於追蹤同指數 ETF 的績效影響，詳見 4-4）。

　　美國發行的 ETF 計價幣別通常是美元，台灣投信發行的計價幣別是新台幣，雖然某些 ETF 也會加掛外幣，但台灣投資者使用的貨幣就是新台幣，比較績效時應該全部換算成新台幣，畢竟最後賣出 ETF 時，都得兌換成新台幣才能在台灣使用。

　　另外，國內投信持有美國股票 ETF，配息得要預扣 30% 的稅率，所以績效也會比 IVV 及 SPY 還要差。不過，國內個人直接透過美國券商投資 IVV 及 SPY，所配發的現金股利也一樣會被扣 30%

的稅，只是稅額不會反映在美國發行 ETF 的淨值裡；而國內投信發行的美國股票 ETF，就會反映在 ETF 的淨值上。還好，最近幾年 S&P 500 指數成分股的殖利率並不高，換算出來，相對於資產利得，影響並不是很大。

　　總之，不論是投資 ETF 或是任何資產，評估的重點都應該放在投資報酬率以及承擔風險的大小，跟資產的市價高低無關。尤其要記得，追蹤相同指數的 ETF，不論價格高低所得到的報酬都是一樣的。

CHAPTER 2

選對投資標的

2-1 7重點快速搞懂ETF類型避免買錯標的

　　在台灣能買到的 ETF 已經超過 200 檔以上，投資標的從股票、債券到期貨；投資範圍有台股、美股、中國股市……等；除了追蹤大盤的 ETF，還有高股息、ESG（環境、社會責任、公司治理）、特定產業……等各種主題，讓剛接觸 ETF 的投資者往往陷入不知道該怎麼挑選的難題。

　　在了解 ETF 的挑選訣竅之前，我們先來了解一下當前台灣投信已經推出的 ETF 類型。基本上可分為 3 大類：股票指數 ETF、債券指數 ETF、期貨信託 ETF（詳見圖 1）。

　　前兩者的標的是股票或債券指數，依據「證券投資信託基金管理辦法」募集發行，都屬於證券信託 ETF。長期投資者應該都以投資股票指數 ETF 或債券指數 ETF 這兩者為主。

圖1 台灣ETF主要可分為3大類型
——台灣投信業者推出的ETF類型

　　至於期貨信託 ETF 的標的則是期貨契約，依據「期貨信託基金管理辦法」募集發行。只要看到 ETF 證券簡稱第 1 個字以「期」開頭，就是期貨信託 ETF；非槓桿或反向的原型期貨信託 ETF，證券代號 6 碼則會是「U」。

　　目前台灣已發行的期貨信託 ETF，標的都是國外期貨，例如追蹤黃金期貨指數的「期元大 S&P 黃金（00635U）」、追蹤石油期貨的「期元大 S&P 石油（00642U）」等。

　　期貨著重於對價格方向的掌握，風險原本就很高，較適合專業能力足夠的投資者，若是一般散戶投資者、長期投資者甚至是新手投資者，都不要輕易買進這類標的。因此接下來我們所介紹的會以股票及債券 ETF 為主，如無必要，不會對於如何投資期貨信託 ETF 多加討論。

股票指數 ETF》可細分為國內外、槓桿及反向型

　　股票指數 ETF 的標的為股市指數，持有標的為一籃子股票並且複製標的指數的成分股配置。依投資範圍又有國內股票型、國外股票型之分，另一類是槓桿及反向型。

1. 國內股票型

只投資於台股，交易時跟一般股票一樣有單日漲跌幅限制（現為 10%），按投資目的可再大致分為以下 4 類（詳見圖 2）：

①市值型：此類 ETF 追蹤的是與台股大盤有高度連動性的指數，由於這些指數都是按公司市值權重排序，因此我們統稱為市值型 ETF，績效貼近指數。包括追蹤台灣 50 指數的元大台灣 50（0050）與富邦台 50（006208）；追蹤台灣加權股價指數的永豐臺灣加權（006204）；追蹤 MSCI 台灣指數等的元大 MSCI 台灣（006203）及富邦摩台（0057）等。

上述這些指數成分股都是以市值較高的權值股為主，另外也有 ETF 專門投資市值排名在 50 名之後的中小型股，例如元大中型 100（0051）以及富邦臺灣中小（00733）。

②高股息：此類 ETF 主要會篩選出高殖利率股。台灣投資者最熟悉的是元大高股息（0056）；後來也有投信公司推出加入低波動、ESG 等篩選條件的 ETF，例如國泰股利精選 30（00701）、元大台灣高息低波（00713）、FH 富時高息低波（00731）等。

③**主題型**：此類 ETF 追蹤的指數有特定主題，像是將公司治理、ESG 概念納入成分股篩選標準；如富邦公司治理（00692）、元大臺灣 ESG 永續（00850）、永豐台灣 ESG（00888）等。

④**產業型**：此類 ETF 只追蹤台股當中的特定產業指數，例如科技產業、金融產業……等。由於台股有很大一部分都是科技相關產業，因此產業型 ETF 也以科技產業為大宗，除了較早發行的富邦科技（0052）、元大電子（0053），近年更陸續出現多檔與半導體及電動車產業相關的 ETF，如國泰台灣 5G+（00881）、中信關鍵半導體（00891）、富邦台灣半導體（00892）、中信綠能及電動車（00896）等。

上述國內股票型 ETF 類型當中，其實只有「市值型」能貼近大盤績效，其他類型因為有加入不同的篩選條件，無法代表大盤，有些甚至是客製化的指數，因此績效表現也會與大盤有所落差。

2. 國外股票型

國外股票型 ETF 指的是成分股當中含有國外股票，因此並無漲跌幅限制，投資前必須有所認知，交易時千萬不要隨興使用「漲停價」委託買進或用「跌停價」委託賣出。

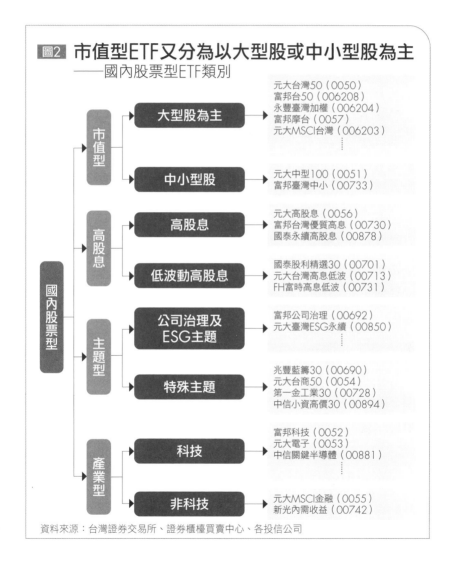

圖2 市值型ETF又分為以大型股或中小型股為主
——國內股票型ETF類別

國內股票型

市值型
- 大型股為主 → 元大台灣50（0050）/ 富邦台50（006208）/ 永豐臺灣加權（006204）/ 富邦摩台（0057）/ 元大MSCI台灣（006203）……
- 中小型股 → 元大中型100（0051）/ 富邦臺灣中小（00733）

高股息
- 高股息 → 元大高股息（0056）/ 富邦台灣優質高息（00730）/ 國泰永續高股息（00878）
- 低波動高股息 → 國泰股利精選30（00701）/ 元大台灣高息低波（00713）/ FH富時高息低波（00731）

主題型
- 公司治理及ESG主題 → 富邦公司治理（00692）/ 元大臺灣ESG永續（00850）……
- 特殊主題 → 兆豐藍籌30（00690）/ 元大台商50（0054）/ 第一金工業30（00728）/ 中信小資高價30（00894）

產業型
- 科技 → 富邦科技（0052）/ 元大電子（0053）/ 中信關鍵半導體（00881）
- 非科技 → 元大MSCI金融（0055）/ 新光內需收益（00742）

資料來源：台灣證券交易所、證券櫃檯買賣中心、各投信公司

　　按目前台灣投信公司發行的國外股票型 ETF，我們可再簡單區分為一般型、高股息、產業型、特別股（詳見圖 3）：

　　①**一般型**：此類 ETF 所追蹤的是國際股市大盤指數，投資者可藉此獲得與所追蹤國外股市指數貼近的績效。大部分國際股市指數也是以市值型指數為主流（成分股以市值權重排序），少數則是價格型指數（成分股以價格權重排序）。

　　目前在台灣交易所掛牌的這類 ETF，以美國、中國為大宗，也有少數是其他國家或地區。

　　美國 4 大股市指數，台灣都有相對應的 ETF 可以投資；包括追蹤 S&P 500 指數的元大 S&P500（00646）、追蹤美國道瓊工業平均指數的國泰美國道瓊（00668）、追蹤那斯達克指數的富邦 NASDAQ（00662），以及追蹤美國費城半導體指數的國泰費城半導體（00830）。

　　若想投資中國股市，也有追蹤中國上證 50 指數的元大上證 50（006206）、追蹤滬深 300 指數的 FH 滬深（006207）……等。其他國家或地區如印度、越南、日本、歐洲等，台股當中都

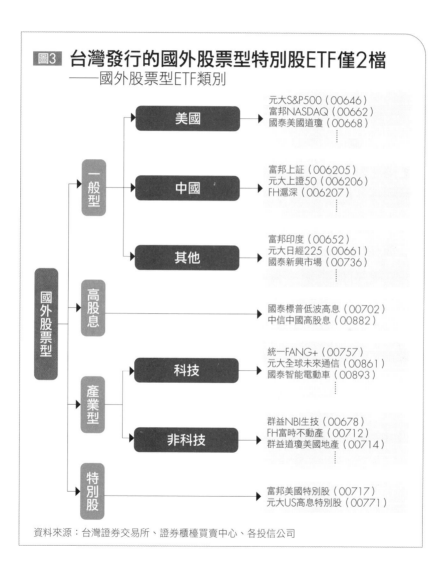

圖3 **台灣發行的國外股票型特別股ETF僅2檔**
——國外股票型ETF類別

美國
元大S&P500（00646）
富邦NASDAQ（00662）
國泰美國道瓊（00668）

中國
富邦上証（006205）
元大上證50（006206）
FH滬深（006207）

其他
富邦印度（00652）
元大日經225（00661）
國泰新興市場（00736）

一般型

高股息
國泰標普低波高息（00702）
中信中國高股息（00882）

科技
統一FANG+（00757）
元大全球未來通信（00861）
國泰智能電動車（00893）

非科技
群益NBI生技（00678）
FH富時不動產（00712）
群益道瓊美國地產（00714）

產業型

特別股
富邦美國特別股（00717）
元大US高息特別股（00771）

國外股票型

資料來源：台灣證券交易所、證券櫃檯買賣中心、各投信公司

有相關的 ETF。

　如果想投資國際股市並獲得貼近大盤的績效，這類「一般型」ETF 是最具代表性的商品。

　②**高股息**：此類 ETF 以國外股市的高殖利率股為投資標的，例如國泰標普低波高息（00702）、中信中國高股息（00882）等。

　③**產業型**：此類 ETF 只投資於特定產業，可能只投資於單一國家，也可能跨國投資。例如投資於創新科技龍頭股的統一 FANG+（00757）；投資於電動車概念股的國泰智能電動車（00893）、富邦未來車（00895）；投資於 REITs 的 FH 富時不動產（00712），以及群益道瓊美國地產（00714）……等。

　④**特別股**：此類 ETF 的標的是一籃子特別股。特別股是一般投資者比較陌生的標的；簡單說，我們在股市當中交易的股票，所擁有的股權都是「普通股」，而「特別股」則是公司另外特別發行的股權。特別股配息率是發行時就約定好的，因此可視為一種有固定收益的標的，也可以看成一檔沒有到期日的債券，是最像定存的定存股，股價變化相對平穩。不管是分配股利或是資產清

算的優先性，特別股股東的權益都優先於普通股股東。

　　截至 2021 年 10 月底前，台灣投信公司發行的國外股票型特別股 ETF 只有 2 檔：富邦美國特別股（00717）是追蹤標普美國特別股指數，成分股主要是美國的金融股；另一檔是元大 US 高息特別股（00771），追蹤標普美國高收益特別股指數。兩檔都是採取季配息。

3. 槓桿及反向型

　　為追蹤指數的單日倍數績效或是反向績效，投信公司也分別推出槓桿及反向型的 ETF；槓桿型 ETF 的證券代號會以「L」結尾，而反向型 ETF 的證券代號則會以「R」結尾。

　　例如元大台灣 50 正 2（00631L）、元大滬深 300 正 2（00637L）、元大 S&P500 正 2（00647L）⋯⋯等，都是藉由期貨的操作，追求標的指數「單日 2 倍報酬率」的目標。假設當天元大台灣 50 指數的單日報酬率為 2%，當天元大台灣 50 正 2 就會以上漲 4% 為目標。

　　而元大台灣 50 反 1（00632R）、元大滬深 300 反 1

（00638R）、元大 S&P500 反 1（00648R）……等，也是藉由期貨的反向操作，追求標的指數「單日反向報酬率」的目標。也就是假設當天元大台灣 50 指數的單日報酬率為 2%，當天元大台灣 50 反 1 就會以下跌 2% 為目標。

　　要注意的是，只要標的為國外指數，無論是槓桿或反向 ETF，單日價格變動都「沒有漲跌幅限制」。而標的為國內股票的槓桿型 ETF，若為 2 倍槓桿，漲跌幅則是一般股票的 2 倍；例如元大台灣 50 正 2 的單日價格漲跌幅限制就是 20%。

債券指數 ETF》多持有國外標的，無漲跌幅限制

　　債券指數 ETF 的標的為各種債券指數，持有標的為一籃子債券，且複製標的指數的債券配置比重。要注意，這類 ETF 幾乎都會持有國外債券標的，因此交易 ETF 時也沒有漲跌幅限制。

　　債券就是一種債權憑證，投資者持有債券期間可以按期領到債券利息（債息），持有到期則可以領回本金。由於債券發行之後，就算尚未到期，投資者仍可以將債券拿到市場上交易，而交易的價格可能因利率變動等因素而比投資者當初買進時更高或更低，

這也造成了債券價格在市場上的波動。

　　然而，若持有期間都不賣出，一直持有至到期日領回本金，只要債券發行者不倒閉，投資者可說是穩賺不賠。

　　按照目前台灣投信公司推出的債券指數 ETF，多數是在證券櫃檯買賣中心（櫃買中心）掛牌，證券簡稱都會有個「債」字，且證券代號的數字尾端都會有個英文字母「B」（槓桿及反向債券 ETF 除外）。

　　按投資標的不同，又大致可分類為美國公債、公司債、新興債、產業型債券，無法歸類進前述類別則先列為「其他」類；另外也同樣有一類是槓桿及反向型（詳見圖 4）：

1. 美國公債

　　美國公債的發行者是美國政府，因信用優良而被視為無風險投資標的，也是公債中流動性最佳的類型；在被動投資者進行資產配置時，美國公債可說是用來平衡股票資產波動的最佳選擇。

　　債券發行時都會有到期日，距離到期日的期間稱為「屆滿期」；

若以屆滿期來分類,又可大致分類為長天期(超過 10 年)、中天期(6 ~ 10 年)、短天期(1 ~ 5 年)。

　　美國公債 ETF 的證券簡稱,都會直接寫明所投資公債的屆滿期間,例如元大美債 20 年(00679B)、富邦美債 20 年(00696B)都是投資屆滿期 20 年以上的美國公債,依此類推。

2. 公司債

　　公司債指的是由公司發行的債券,債券按信用評等分為投資等級債、非投資等級債。投資等級債包含了信用良好的前段班 A 級以上債券(由高而低為 AAA、AA、A),以及中段班的 BBB 級債券。非投資等級債則是 BB 級以下(由高而低為 BB、B、CCC、CC、C、D)等信用較差的後段班債券,又稱為高收益債。而台灣可以買到的國外公司債 ETF 也就依此分為 3 種等級:

　　①**投資等級債 AAA ~ A**:主要投資於 A 級以上債券,信用最佳,殖利率也是 3 種公司債當中最低的。

　　②**投資等級債 BBB**:主要投資於 BBB 級債券,信用略差於 A 級以上,但是殖利率也比 A 級以上高一些。

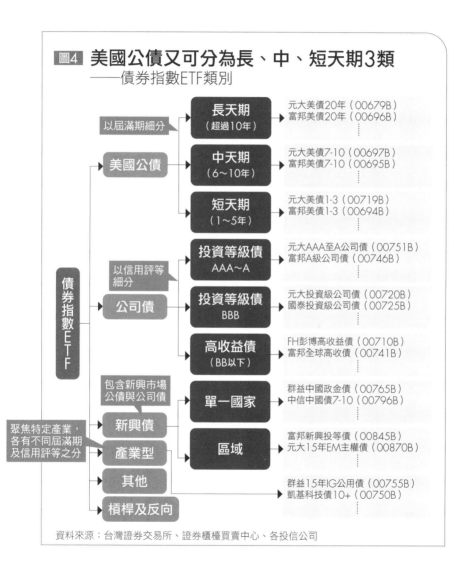

圖4 美國公債又可分為長、中、短天期3類
——債券指數ETF類別

資料來源：台灣證券交易所、證券櫃檯買賣中心、各投信公司

③**高收益債：**主要投資於 BB 級以下的債券，由於這類標的信用較差，自然也得有較高的殖利率才有投資者願意買單。

3. 新興債

信用評等不只適用於公司債，也適用於國家主權評級，像是美國主權評級為 AA，因此美國所發行的公債也是一種投資等級債；其他已開發國家如德國、法國、瑞士、日本……等國家主權都是投資等級，違約風險低，但債券殖利率也相對較低。

而在非屬已開發國家的新興市場當中，也有滿多國家的主權評級是投資等級，但是因為經濟發展以及匯率等因素，新興國家的公債殖利率普遍會比已開發國家的公債殖利率更高，而這些新興市場債券也多會發行當地貨幣計價及美元計價的債券。

在債券市場的基金分類當中，就有一個類別是專門投資於新興市場，標的則可能涵蓋公債及公司債；而台灣投信公司也有推出聚焦於新興市場的 ETF，但所追蹤的標的指數又因屆滿期、投資評級、公債或公司債、計價類別等而略有不同。

例如富邦新興投等債（00845B）是投資於新興市場的投資等

級公債及公司債、元大 15 年 EM 主權債（00870B）是投資於
AAA 至 BB 等級及 15 年期以上的美元計價公債；主權債和公債
是一樣的意思，都是指政府發行的債券。另外，若是受國家控制
或國營企業發行的公司債，則會被稱為「類主權債」，投資於新
興債的共同基金或 ETF 較常使用這樣的名稱。

4. 產業型

　　產業型債券 ETF 只投資於特定產業的公司債券，其中又以金
融債居多；另外還有公用事業債、科技債、醫療債等類型。例
如群益 15 年 IG 公用債（00755B）鎖定美國的公用事業公司
債、15 年以上到期的 BBB 級以上美元債券。凱基科技債 10+
（00750B），所投資的是由科技公司發行、10 年以上到期的
債券。

　　同樣也要注意，上述債券型 ETF 大多含有國外標的，也要留意
這 ETF 是沒有漲跌幅限制的。

5. 槓桿及反向型

　　債券 ETF 原本就比較冷門，目前台灣僅有 2 家投信公司各
推出 1 檔債券槓桿型 ETF 以及各 1 檔債券反向型 ETF，都是

以美國 20 年以上公債指數為標的。分別為元大美債 20 正 2
（00680L）、國泰 20 年美債正 2（00688L），以及元大美債
20 反 1（00681R）、國泰 20 年美債反 1（00689R）。

部分國外股票型 ETF 可用外幣交易

有買過共同基金的投資者，應該都知道同一檔共同基金可能會
發行不同幣別，例如同時有美元計價、歐元計價可以選。

以上所介紹台灣投信發行的 ETF，指的都是新台幣計價。為什
麼要特別說明這件事呢？因為台灣 ETF 市場剛發展的前幾年都只
用新台幣發行，到了 2016 年，政府也開始允許同一檔 ETF 可以
發行外幣計價的受益憑證（簡稱加掛 ETF），讓投資者可以使用
外幣帳戶進行交易。

如果是投資美國地區，可能會加掛美元的 ETF，證券簡稱尾端
會加上「+U」；投資中國地區，則可能會加掛人民幣的 ETF，證
券簡稱尾端會加上「+R」。

目前台灣的加掛 ETF 還不多，也很好辨認，觀察證券代號的命

名方式，就能知道是用新台幣或用外幣發行：

1. 股票型 ETF 加掛外幣

若為股票型 ETF 加掛外幣，證券代號第 6 碼為 K，例如追蹤中國上証 180 指數的富邦上証（006205）是在 2011 年發行，2016 年加掛人民幣幣別的 ETF，證券簡稱及代號為「富邦上証 +R（00625K）」。

再看另一個例子，追蹤道瓊工業平均指數的國泰美國道瓊（00668），加掛美元幣別的 ETF，ETF 證券簡稱及代號為「國泰美國道瓊 +U（00668K）」。

2. 債券型 ETF 加掛外幣

若為債券型 ETF 加掛外幣，證券代號第 6 碼為 C，例如新光中國政金綠債（00774B）加掛的人民幣 ETF，證券簡稱則為「新光中政金綠債 +R（00774C）」。

3. 槓桿或反向 ETF 加掛外幣

若為槓桿或反向 ETF 加掛外幣，槓桿型 ETF 證券代號第 6 碼為 M，反向型 ETF 證券代號第 6 碼則為 S。截至本書出版前，市場

上都尚未出現這兩類的加掛 ETF。

從證券簡稱、代號等釐清 ETF 投資內容

不管是有投信募集新的 ETF，或是有其他人推薦某檔 ETF，都要自己去了解這檔 ETF 到底在投資什麼東西。

最簡單的就是先看 ETF 的證券簡稱，開頭一定都是發行的投信公司簡稱，再來就是標的指數簡稱及屬性。例如「元大台灣 50」和「富邦台 50」，分別是由元大投信、富邦投信發行，兩檔同樣都是追蹤「台灣 50 指數」。

但有些標的指數名稱比較陌生，為避免買錯，就要自己再多做點功課。其實也不難，只要按以下幾個重點快速瀏覽，就能大致掌握你有興趣的 ETF 到底在投資哪些東西了：

重點 1》是股票型、債券型或期貨信託 ETF ？
 辨認方法：「證券簡稱」有沒有「債」字或首字為「期」字？
 ◎都沒有→股票型 ETF。
 ◎有「債」字→為債券型 ETF。

◎首字是「期」字→為期貨信託 ETF。

重點 2》是不是外幣計價 ETF ？

辨認方法：「證券簡稱」最後有沒有「+U」、「+R」字眼？
◎沒有→新台幣計價。
◎有→外幣計價。

重點 3》是不是槓桿或反向 ETF ？

辨認方法：「證券代號」尾字有沒有「L」或「R」？
◎都沒有→不是槓桿或反向型。
◎證券代號尾字為「L」→為槓桿型。
◎證券代號尾字為「R」→為反向型。

投資者如果只看 ETF 簡稱可能還是一知半解，建議在投資之前都可以查看 ETF 的基本介紹以及公開說明書，才能知道所買的 ETF 究竟投資哪些標的。

重點 4》追蹤什麼指數？

查詢方法：到投信公司網站，找到該 ETF 的基本資料頁面「標的指數」欄位，會有標的指數的全名。

重點 5》目前實際持有哪些標的？

辨認方法：到投信公司網站，找到該 ETF 的「持股比重」或「申購買回清單」頁面，可以看到詳細的標的名稱。或可善用 Google 搜尋功能，輸入「（該檔 ETF 簡稱） 申購買回清單」即可快速找到該網頁。

重點 6》到底投資哪些範圍？有沒有配息？

查詢方法：基金公司網站的 ETF 介紹頁面，都有公開說明書以及簡式公開說明書可以下載。懶得看太多字的人下載簡式公開說明書即可，通常第 1 頁就會清楚說明該 ETF 的投資範圍。若想了解此檔 ETF 的配息資訊——有沒有配息？若有配息，是年配、半年配還是季配？都可以在這份說明書的「收益分配」欄位中找到答案。

重點 7》交易時有沒有漲跌幅限制？

查詢方法：到台灣證券交易所、證券櫃檯買賣中心網站的 ETF 專屬頁面，找到「商品資訊」項目，根據類別點選你想了解的 ETF，就能在該頁面看到交易該 ETF 需了解的基本資料。

其中，有沒有漲跌幅限制，要看「升降幅度」欄位。例如，

ETF 若有國外成分標的，都會顯示「無漲跌幅度限制」。若僅投資國內股票，「升降幅度」欄位會顯示「同一般股票（10%）」；投資於國內股票的 2 倍槓桿 ETF，「升降幅度」則會顯示為「20%」。當然，未來若台股漲跌幅限制有改變，ETF 升降幅度也會跟著調整。

雖然 ETF 很適合懶人，但並不代表在拿錢出來投資之前都不需要做功課，至少也應該了解自己所買的 ETF，究竟投資哪些標的；這才是負責任的態度，當你用心看待自己的投資，絕對有機會獲得好的成果。

透過市值型ETF
2-2
買到下一檔台積電

追蹤股票指數的 ETF 當中，若要做一個全面的分類，可分為市值型、主題型、產業型。

「市值型」的成分股是按市值權重排名，報酬貼近大盤指數。

「主題型」則有特定篩選條件，例如「高股息」主題以挑選高殖利率股票為策略，強調較高的股息收入。「ESG」主題則將「公司治理」、「ESG」等評鑑標準納入成分股篩選。

「產業型」則是鎖定特定產業，如科技、電動車、半導體、5G（第 5 代行動通訊）、金融、電信……等，漲跌取決於產業榮枯。其中，產業型因為投資範圍較狹窄，波動風險較高，我比較不推薦給存股族。

市值型 ETF 長期跟著市場向上，適合存股族持有

一般投資者或存股族最理想的選擇，就是長期持有「市值型」ETF；只要該市場是呈現長期向上成長的趨勢，那麼追蹤該市場的 ETF 價值也會跟著長期成長。

台灣和美國的經濟都呈長期成長趨勢，從加入配息後的總報酬指數來看更是明顯（詳見圖 1），因此追蹤台股和美股大盤指數的市值型 ETF 也都值得長期擁有；本書已經提過多次的元大台灣 50（0050）、富邦台 50（006208）、元大 MSCI 台灣（006203），都是市值型 ETF。

若要投資美國 S&P 500 指數，台灣可直接買到國內投信發行的元大 S&P500（00646），或透過複委託買國外基金公司發行的 SPDR S&P 500 ETF Trust（SPY）、Vanguard 500 Index Fund ETF（VOO）、iShares Core S&P 500 ETF（IVV）等，這幾檔都是投資美股不能不認識的市值型 ETF。

市值型 ETF 為什麼能夠貼近大盤指數？世界上各大股市指數的計算方法有兩種，大多數是以市值加權法計算，也就是市值愈高

的公司，占指數權重會愈高，例如台股的加權股價指數、美國 S&P 500 指數、美國那斯達克指數等。少數指數則是以價格加權法計算，也就是股價愈高的公司，占指數權重愈高，例如美國道瓊工業指數、日經 225 指數等。

而市值型 ETF 追蹤的是以市值加權法計算的股市指數，它所投資的成分股權重就會與指數一致，所以報酬率就能相當貼近。

市值型 ETF 成分股，市值愈高排名愈領先

大家最熟悉的 0050 追蹤的台灣 50 指數就是市值型指數，取台灣上市公司中市值排名最高的前 50 檔，並以市值加權排序。如果你在 2021 年 10 月 1 日查詢元大投信公布的 0050 成分股權重，可看到排名第 1 的台積電（2330）占比高達 48.27%，將近一半的權重，另外一半才是由其他 49 檔股票構成。

大家是否曾有這樣的疑問，台積電占比未免也太高了，為什麼指數編纂公司要讓台積電占這麼高的權重？

我們知道，台灣 50 指數只是篩選出台灣市值最大的 50 檔股

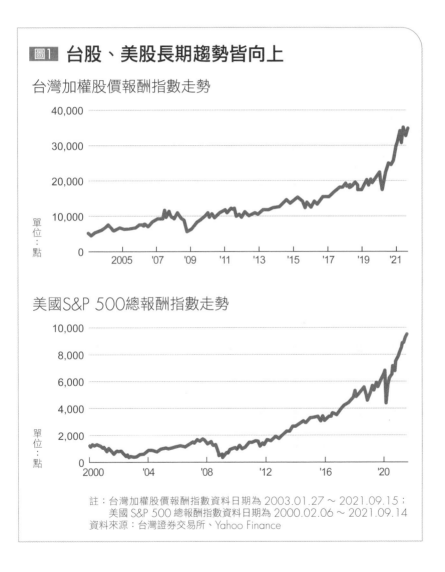

圖1 台股、美股長期趨勢皆向上

台灣加權股價報酬指數走勢

美國S&P 500總報酬指數走勢

註：台灣加權股價報酬指數資料日期為 2003.01.27 ～ 2021.09.15；
　　美國 S&P 500 總報酬指數資料日期為 2000.02.06 ～ 2021.09.14
　　資料來源：台灣證券交易所、Yahoo Finance

票，至於其權重多少，則由企業市值決定，並不是指數編纂公司指定的。也就是說，指數公司只負責制定規則，至於哪 50 檔會被選進來，其實是由市場決定的（詳見圖 2）。

市場猶如一隻看不見的手，默默地指引投資者該買哪一檔股票，直到價位到達滿足點為止。這用「大賣場的排隊現象」來比喻會相當傳神，怎麼說呢？只要有去過好市多或各大賣場，結帳時都會看到許多結帳窗口，每個顧客都是自行選擇要去哪道窗口排隊。但你有沒有發現，每次要排隊時，明明沒有專人導引，但是每道排隊隊伍幾乎都一樣長？道理很簡單，顧客根本不需要有人教，就會自行選出最有利的窗口去排隊。

買股票不也一樣？整個市場的投資者，總是會湧向那些獲利最優的股票，看看那些長年在台灣市值排行前 50 大名單占有一席之地的公司，如台積電、聯發科（2454）、中華電（2412）……等績優股，就是憑著優秀的營運表現獲得投資者的青睞。直到公司的營運走下坡，投資者不願意用過高的股價去持有獲利不般配的股票時，那麼這家公司的市值自然就會往下滑。

進一步看台灣 50 指數的制定規則，其實也不是單純只用市值

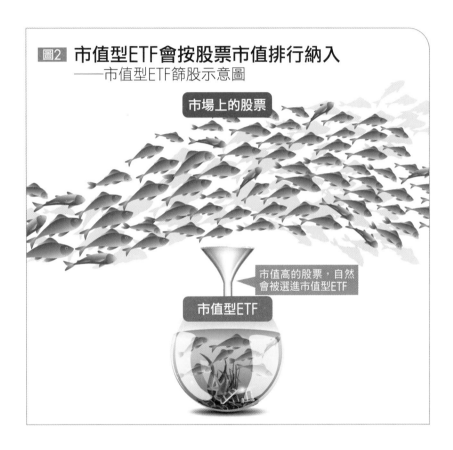

圖2 市值型ETF會按股票市值排行納入
——市值型ETF篩股示意圖

市場上的股票

市值高的股票，自然
會被選進市值型ETF

市值型ETF

高低排名，還考量到股票在市場上的流通性。因此台灣 50 指數
計算股票的市值權重時，會計入「公眾流通率」，這是一個 0%～
100% 的係數，每檔權值股的係數都不一樣。

　　例如，根據 2021 年 6 月 30 日的資料，台積電公眾流通率為 92.55%，聯發科 92.99%，而大立光（3008）只有76.37%；而如果公眾流通率過低，連 5% 都不到的話，就無法成為指數成分股（0050 的成分股篩選準則及公眾流通率，可在公開說明書「陸、指數股票型基金應再敘明之事項」第三項的「成分股審核及權重調整」及第四項表格內容查詢到，詳見圖 3）。

　　2021 年 10 月 1 日台積電市值占比 48.27%，另外一半才是其他 49 檔股票，這是市場自然發展的結果，並非指數刻意安排；某種程度也透露台積電所屬的半導體產業目前占台灣整體經濟的重要性。

績優股市值若大幅成長，占指數權重也會攀升

　　台積電占了台灣 50 指數將近一半的比重，如果是個股投資者，應該都很希望能早早就買進台積電股票。假若在 1994 年 9 月5 日台積電上市時，就以每股 96 元持有 1 張，每年收到的配息也再買入台積電股票，到了 2021 年 9 月 22 日就會持有 41 張868 股，以當日收盤價 586 元計算，市值約有 2,453 萬 4,507元，是當時投入金額 9 萬 6,000 元的 255 倍左右；雖然持有時

圖3 台積電公眾流通率高達92.55%
——元大台灣50（0050）成分股公眾流通率

四、最近成分股數目、種類及其權重、成分股市值總占同一證券交易市場上市股票總市值之比率

股票代碼	股票名稱	在外流通股數	公眾流通率(%)	參考權重(%)
1101	台泥	5,895,645,647	88.236	0.884
1102	亞泥	3,361,447,198	68.96	0.392
1216	統一	5,682,015,421	84.32	1.168
1301	台塑	6,365,740,781	76.45	1.67
1303	南亞	7,930,821,589	71.15	1.564
1326	台化	5,861,186,291	58.376	0.966
1402	遠東新	5,352,875,227	73.25	0.418
1590	亞德客-KY	189,024,998	78	0.528
2○○	中鋼	○○,○○○,○○0,997	78.33	○.○○○
2327	國巨	496,984,○○○	92.0○	0.846
2330	台積電	25,930,380,458	92.55	47.574
2357	華碩	742,760,280	94.9	0.872
2379	瑞昱	510,684,875	92.68	0.796
2382	廣達	3,862,627,432	68.84	0.775
○○○		○○,○○○,○○○,○○○		○.○○○
6415	矽力-KY	93,171,○○○	66	0.776
6505	台塑化	9,525,959,652	14.32	0.484
8046	南電	646,165,487	32.49	0.272
9910	豐泰	881,681,099	50	0.359

註：資料日期為 2021.06.30　　資料來源：0050 公開說明書

間長達 27 年，年化報酬率將近 22.7%（詳見表 1）。

千金難買早知道，1994 年時有誰能預知台灣半導體產業會發

表1 於台積電上市時買1張，年化報酬率達22.7%
——台積電（2330）持有27年報酬率試算

項目	日期	股價（元）	累積股數（股）	價值（元）	現金流（元）
期初投入	1994.09.05	96	1,000	96,000	-96,000
期末市值	2021.09.22	586	41,868	24,534,507	24,534,507

名稱（股號）	獲利金額	年數（年）	累積報酬率（%）	年化報酬率（%）
台積電（2330）	24,438,507	27.1	25,457	22.7

註：1. 股息皆再投入；2. 計算過程可掃描右方 QR Code，至怪老子理財
網站「下載書籍之 Excel 檔案」專區查詢

展得這麼快？甚至還勝過美國巨擘英特爾（Intel）？而台積電被
稱為台灣之光，並非只是投資報酬率高的原因，而是這家公司的
獲利確實非常可觀。

2020 年，台積電稅前淨利高達 5,848 億元，這數字讀者或
許沒有太大感覺，對比台灣高鐵（2633）總資產 4,275 億元，
就知道這金額有多大了。這代表台積電年獲利不扣稅的話，每年

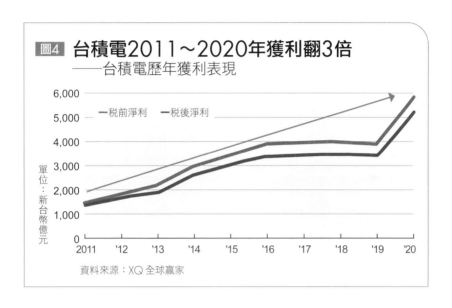

圖4 台積電2011～2020年獲利翻3倍
——台積電歷年獲利表現

資料來源：XQ 全球贏家

蓋一座高鐵是綽綽有餘的。而且，台積電獲利還持續成長中（詳見圖4），可見台積電的獲利規模有多驚人。

因此，台積電其實不是一直占有台灣 50 指數這麼高的權重，也是慢慢升上來的。表 2 是 2004 年 2 月 25 日台灣 50 指數的前 10 大權重企業，台積電當時雖也名列第 1，但只占 14.4%的權重。隨著台積電市值的成長明顯大過其他股票，占比才愈來愈重，直到現在（2021 年 10 月 1 日）的 47.45%。

ETF 自動汰弱換強，不必擔心錯過績優股

　　台積電可能永遠如此風光嗎？我們無法精準預測；又或者說，有多少人在 27 年前就能預知台積電會成為如此強大的公司？世界上應該沒有這種先知，因此往往投資者發現一家公司如此優秀時，股價早就上漲許多，很難有機會準確在最低檔時提前布局。

　　況且，企業要永遠風光是很不容易的，產業界跟自然界很類似──競爭激烈，優勝劣敗、適者生存；唯有持續維持優勢、保持獲利良好的企業，才能在市場上存活，而投資者能做的，就是確保手中投資組合是由最好的企業所組成。

　　台灣 50 指數就能幫我們做到這一點，它就好似一個市值過濾器，可以幫我們提前篩選出市值強大的公司，並且每季檢視一次。根據 2021 年 9 月的審核結果，台灣 50 指數就納入了電商龍頭富邦媒（8454），剔除了亞泥（1102）。

　　因此，當我們的投資組合跟台灣 50 指數保持同步，就能持續持有市值最強大且具流通性的 50 檔好股。我們也不必企圖找出下一檔如同台積電這般強大的護國神山，只要市值夠高就會先入

表2 2021年台積電占台灣50指數權重達47.45%
—— 2004年vs.2021年台灣50指數成分股權重前10名

簡稱（代號）	權重（％）	
	2004.02.25	2021.10.01
台積電（2330）	14.4	47.45
聯　電（2303）	5.6	4.51
鴻　海（2317）	4.3	4.23
國泰金（2882）	4.0	2.51
台　塑（1301）	4.0	2.17
中　鋼（2002）	3.6	1.84
南　亞（1303）	3.4	1.84
富邦金（2881）	3.4	1.71
中信金（2891）	3.3	1.62
開發金（2883）	3.2	1.52

資料來源：台灣證券交易所、元大投信

榜，名次再慢慢爬升。簡單説，表現不佳的股票自然會被市場淘汰，表現好的股票，市場不只會接納而已，還會捧得高高的。

台灣投資者可以任選元大投信發行的 0050，或是富邦投信發行的 006208。儘管股價、股利不太相同，但因為持有的股票及權重都是一樣的，所以長期持有的總報酬率也非常接近，兩者唯

獨在近年的費用率方面開始有些微差距（詳見 4-4）。

　雖然我認為，投資範疇若能擴大到全球市場將更理想，可惜目前（截至 2021 年 10 月底）台灣的投信都沒有發行全球型的 ETF；台灣投資者僅能透過券商的複委託服務，或自行透過海外券商開戶，才能夠買到海外基金公司發行的全球股市 ETF，如 Vanguard Total World Stock ETF（VT），或 iShares MSCI ACWI ETF（ACWI）。

　然而就如同本文一開始所說的，只要該市場是長期向上的趨勢，那麼長期投資這市場的市值型 ETF 就可以成功。我們不僅在確保趨勢向上的同時，也把持股範圍分散到不同產業，已能大幅降低持有少數個股的個別風險。

　投資市值型 ETF 是一種更簡單、更穩健的存股方式，投資者不用花心思去研究財務報表，也不用管什麼時候該調整投資組合；只要定期定額持續買進並持有，時間一長就能享有不錯的獲利，對不會選股的散戶來說再合適不過了。

2-3 投資高股息ETF
務必將股息再投入

標榜高股息的 ETF，格外受到台灣投資者喜愛。根據 2021 年 9 月 3 日統計，國內投信發行的 200 多檔 ETF 當中，若以受益人數排名，前 8 名就有 3 檔是高股息主題（詳見表 1）。其中，第 1 名正是知名的元大高股息（0056），受益人數以 45 萬人居冠，比市值型 ETF 元大台灣 50（0050）還多出 13 多萬人。

0050 的受益人數雖然較少，規模卻排名第 1，比 0056 多出 1 倍以上。這可以解釋為何 0050 每單位受益人持有的金額，比 0056 還多，也比其他 ETF 多。簡單説，有錢人更喜歡 0050。

我們知道高配息是阻礙股價上漲的主因，過於追求高股息，容易拖慢資產成長的速度；因此，只要是以追求長期資產為目的，

表1 國內投信發行ETF中，0056受益人數排名第1
—— 受益人數排行前8大ETF

名稱 （證券代號）	每單位市價 （元）	規模 （億元）	受益人數 （萬人）	上市日期	類型
元大高股息 （0056）	33.24	877	45.91	2007.12.26	高股息型
元大台灣50 （0050）	141.90	1,881	32.16	2003.06.30	市值型
國泰台灣5G+ （00881）	17.91	372	31.65	2020.12.10	產業型
國泰永續高股息 （00878）	18.15	257	21.01	2020.07.20	高股息型
國泰智能電動車 （00893）	15.11	180	13.05	2021.07.01	產業型
中信中國高股息 （00882）	15.06	215	10.55	2021.02.04	高股息型
富邦台50 （006208）	81.20	162	10.38	2012.07.17	市值型
中信關鍵半導體 （00891）	16.42	96	8.90	2021.05.28	產業型

註：資料日期為 2021.09.03；本表僅列出國內投信發行之 ETF
資料來源：台灣集中保管結算所、台灣證券交易所、各投信公司網站

傳統的市值型 ETF 會比高股息 ETF 更好（詳見表 2）。

0050 的選股標準大家應該都很清楚了，成分股是台灣市值前

表2 **0056殖利率較高，但報酬率不如0050**
——元大台灣50（0050）vs.元大高股息（0056）

項目		元大台灣50（0050）	元大高股息（0056）
殖利率*（%）		2.42	**5.32** 勝
本益比（倍）		17.35	7.92
報酬率（%）	成立至今	**588.72** 勝	150.24
	10年	257.82	122.75
	5年	140.36	75.63
	3年	79.56	42.53
	1年	42.23	17.38
	6個月	7.09	4.48

註：1.資料日期為2021.08.31；2.* 殖利率為近1年配息／資料日期的股價
資料來源：元大投信、投信投顧公會委託台大教授評比資料

50 大上市公司；而 0056 的選股標準，主要是從台灣 50 指數及台灣中型 100 指數共 150 家公司當中，篩選出「下一年度預期殖利率較高」的 30 家公司。

高殖利率股多半為成熟型公司或景氣循環股

有趣的是，一般投資者可能會以為，高股息 ETF 會投資於耳熟能詳的存股標的，但是攤開成分股名單，就會發現有不少是電子

股，2021 年甚至納入航運股。我們就來進一步看看，會被納入
高股息成分股的公司有何特點：

1. 配息率高：配息率指的是股息占每股盈餘的比率。已經過了
成長期的成熟型公司，多不會再繼續擴大規模，因此公司會從盈
餘當中配出較高的股息給股東，配息率自然就會比較高。

2. 股價評價偏低：「高殖利率股」除了配息率要高之外，同時
股價也不能太昂貴。殖利率的算法是「現金股利除以股價」，要
是股價偏高的話，殖利率就會下降，也就不易被選進高殖利率股
名單。

股價高低又要怎麼評定呢？一般是用「本益比」（＝股價／每
股盈餘）來評價，意思是公司為股東賺回本的年數。缺乏成長性
的公司，投資者不會希望用太長的時間等待投資回本，因此這類
公司的本益比通常會在 15 倍以下，甚至 10 倍以下都很正常。

而能享有較高本益比的公司，多半是極為優秀的績優股或成長
股，高於 15 倍或是到 20 倍都很常見，像 0050 就納入很多這
類股票，而 0056 卻總是不會選入。

　　就以中華電（2412）為例，它的配息率很高，經常超過 90%
甚至將近 100%，但它是 0050 成分股，卻沒被選入 0056 成
分股，就是因為投資者給它相對高的評價而使股價偏高。

　　中華電身為台灣電信業龍頭，具備產業寡占優勢，每年有源源
不絕的生意可做；就算電信市場飽和了，未來營運沒有明顯成長
性，投資者也願意拿錢投資它，使得中華電本益比居高不下。以
2021 年除息前一日的收盤價計算，中華電的本益比高達 26.13
倍，殖利率則僅有 3.7%。

　　至於有些成長潛力大的公司，能享有 20 倍甚至更高的本益
比。例如 0050 每季審核一次成分股，2021 年第 3 季被新選
入 0050 成分股名單的富邦媒（8454），2021 年除息前一日
殖利率不到 1%，本益比高達 90 倍。想當然耳，這樣的股票就
不可能成為 0056 的成分股名單。

　　綜合來看，要符合「配息率高」以及「股價評價偏低」的高殖
利率條件，主要會選出 2 類公司，一類是「缺乏成長性且本益比
不高」的成熟型公司，另一類則是「正好來到產業景氣榮景的景
氣循環股」。

1. 缺乏成長性且本益比不高的成熟型公司

最標準的例子就是電子代工業了，例如廣達（2382）、仁寶（2324）、緯創（3231）等。這 3 檔股票在 2021 年除息前一日的殖利率分別為 5.8%、5.8%、7%，本益比分別為 11.55倍、12.93 倍、10.99 倍，配息率分別為 79%、74%、71%；標準的高配息率、低本益比。

2. 正好來到產業景氣榮景的景氣循環股

指的是營運受到產業景氣循環影響甚鉅，在景氣低谷時可能會虧損，也配不出像樣股利的公司；但是走向景氣高峰時，就會一躍而起，營收、盈餘大幅增加，自然也能期待它接下來可以配出令人滿意的股利了。

0056 每年 6 月和 12 月會審核一次成分股。2021 年 6 月，0056 就納入了 2021 年上半年進入景氣高峰的航運股長榮（2603），可見指數編製公司認為長榮在未來 1 年可以配發出較高的現金股利。

只不過，景氣循環股的景氣高峰期一過，就會隨著景氣下滑迅速失去光環，到時候一旦股價下跌，恐怕就會影響 ETF 的股價；

直到它不再符合 ETF 的選股標準，就會再被高股息指數剔除。

留意各檔高股息 ETF 篩選原則不完全相同

0056 是台灣歷史最悠久的高股息 ETF，自 2007 年 12 月 26 日上市至今已超過 13 年。近幾年，市場上也開始出現其他以高股息為主題的 ETF（詳見表 3），只是為了與 0056 區隔，又加入了不同篩選條件，採樣的母體也略有不同。

例如國泰股利精選 30（00701）、元大台灣高息低波（00713）、FH 富時高息低波（00731）都強調股價的低波動；富邦臺灣優質高息（00730）加入了連續 5 年配息條件，並根據財務指標表現進行加權排序。國泰永續高股息（00878）則加入 ESG 永續評分篩選出成分股。

不管是不是低波動或篩選條件為何，投資最終還是看整體績效，表 4 是 2018 年 4 月 20 日～ 2021 年 9 月 17 日國內高股息 ETF 的報酬率及標準差。從標準差來看，標榜低波動的元大台灣高息低波及 FH 富時高息低波，雖然波動程度有比較低一點，但也不是最低的。而從累積報酬率來看，元大台灣高息低波的

表3 部分高股息ETF加入低波動、ESG等篩選指標
—— 台灣6檔高股息ETF基本資料

名稱 （證券代號）	上市日期	標的指數	採樣母體	配息 頻率	淨值 （億元）
元大高股息 （0056）	2007.12.26	台灣高股息指數	台灣50指數及台灣中型100指數成分股	年　配	892.37
國泰股利精選30 （00701）	2017.08.17	台灣指數公司低波動股利精選30指數	台灣證交所上市普通股	半年配	37.67
元大台灣高息低波 （00713）	2017.09.27	台灣指數公司特選高股息低波動指數	台灣證交所上市普通股	年　配	35.79
富邦臺灣優質高息 （00730）	2018.02.08	道瓊斯台灣優質高股息30指數	S&P台灣全市場指數	年　配	12.43
FH富時高息低波 （00731）	2018.04.20	富時台灣高股息低波動指數	台灣50指數及台灣中型100指數成分股	年　配	1.58
國泰永續高股息 （00878）	2020.07.20	MSCI台灣ESG永續高股息精選30指數	MSCI台灣指數成分股	季　配	259.50

註：淨值資料日期為2021.09.14，採四捨五入至小數點後2位
資料來源：台灣證券交易所、各投信公司

表4 **元大台灣高息低波近3年年化報酬率達16.2%**
——5檔高股息ETF報酬率及標準差

名稱（證券代號）	累積報酬率（%）	年化報酬率（%）	標準差（%）
元大台灣高息低波（00713）	66.70	16.20	15.20
元大高股息（0056）	54.90	13.70	16.00
國泰股利精選30（00701）	42.50	10.90	13.40
FH富時高息低波（00731）	39.90	10.30	14.20
富邦臺灣優質高息（00730）	20.70	5.70	16.50

註：1. 資料期間：2018.04.20 ～ 2021.09.17；2. 國泰永續高股息因成立不滿 3 年，故不列入表中
資料來源：各投信公司

66.7% 最高，元大高股息 54.9% 次之。

　　光從報酬率數字來看，似乎選擇元大台灣高息低波會比較好；但若是再看更長期的績效走勢圖（詳見圖1），直到 2021 年 5 月以前，都是元大高股息績效最好，只有在最後的幾個月才被元大台灣高息低波追趕過去。

　　未來會如何發展？我也無法預測，這幾檔都是指數編纂公司以投資模型篩選出來，理論上應該都不會太差。硬要選的話，這 5

檔累積報酬率在平均值（44.9%）以上的元大高股息、元大台灣
高息低波都不錯；而我個人會比較偏好元大高股息，雖然目前排
名第2，但是過去表現一直都比對手好，只要指數篩選模式沒有
改變，應該會維持領先表現才是。

　許多投資人特別喜歡高配息，好似收到白花花的銀子才是真正
賺到的。別忘了，現金配回來的愈多，代表可投資部位變少了；
除非將配回來的現金再投入，否則就會失去複利效果，資產成長
速度就會減緩。

　現金再投入並不限於原來資產，也可以投入其他的資產，都能
創造複利效果，只是複利的效果大小而已。例如將0056配回來
的現金再投入0056，那麼配息的複利效果等同於原有0056報
酬率；若將配回現金投入銀行定存，那麼配息就只有定存的複利
效果。當然若投入報酬率更高的商品，配息複利效果更大，只是
風險也會跟著增加就是。

　再次強調，任何投資的績效（Performance）都是總報酬（價
格上漲＋配息），ETF的績效當然也一樣，都是指包含配息的報
酬率，計算方式是假設沒有配發現金的話，其報酬率會是多少，

圖1 **元大高股息績效近3年多保持領先**
——5檔高股息ETF萬元績效走勢圖

- 元大高股息（0056）
- 元大台灣高息低波（00713）
- 國泰股利精選 30（00701）
- 富邦臺灣優質高息（00730）
- FH 富時高息低波（00731）

單位：元

18,000
16,000
14,000
12,000
10,000
8,000
6,000

2018.04.20　'19.04.20　'20.04.20　'21.04.20

註：1. 資料日期為 2018.04.20 ～ 2021.09.17；2. 此為假設期初投入 1 萬元，截至期末將可累積的金額；3. 國泰永續高股息因成立不滿 3 年，故不列入表中

這樣才能比較不同資產的實質總報酬，避免因配息造成誤差。簡單說，配息率只描述配回多少現金，並非投資人能獲得的真正報酬。一檔過於堅持配息的 ETF，意味著 ETF 本身的獲利成長不佳，也就是整體價值難以成長。投資目的是為了資產的成長，就不應該過於要求高股息。

2-4 ESG、產業型ETF掀起投資熱潮 但非績效保證

　　近年台灣的投資市場興起了「ESG」熱潮,只要是跟 ESG 相關的產品,投資者的接受度似乎都很高,也可以發現投信紛紛發行起與 ESG 主題有關的 ETF。

ESG 雖能博得大眾好感,但市值能否上漲更重要

　　然 而,ESG 並 沒 有 想 像 中 重 要。ESG 分 別 是 環 境(Environmental)、社會(Social)、公司治理(Governance)的簡稱,一般會和「永續經營」這名詞混用。

　　「環境」就是跟氣候風險、天然資源稀缺、汙染及廢棄物等相關;「社會」就是勞工問題及產品責任、資訊安全等風險相關議題;「公司治理」則是關於董事會素質及成效等公司治理等。

股票上市的企業通常會有 ESG 評分，分數愈高的企業代表對環境更友善，也較具備社會責任，公司治理也比較優秀。問題是，具備這些條件的企業，股價的表現並不一定比較好。對投資者來說，不論是黑貓或白貓，會抓老鼠的就是好貓。投資股票型 ETF 就是市值要能持續上漲，若是一家公司 ESG 分數很高，卻沒有讓市值上漲的能力，似乎也沒必要投資。

應該這樣說，ESG 較高分數的公司，除了吸引志同道合的員工加入，也能博得消費者好感，可以幫助企業運作更順利，市值上漲的機會有可能比較大。但既然這樣，為何不直接用市值來篩選就好？畢竟市值已經是篩選後的結果。

ESG 的分數較高，就好似一個升學班在挑選學生時，針對學生的到校遲到次數、衣服儀容整潔，以及每日讀書小時數等做評分，認為評分愈高的學生能有較好的升學率。但既然要的是升學率，為何不直接用模擬考的成績挑選，選擇分數最高的前 50 名進來就好？何必去管學生過去有沒有遲到？有沒有服儀不整？

也就是說，如果不去管 ESG 分數高不高，只要市值會一直往上飆升的就是好股票，但是不保證對環境及社會有貢獻。

當然,受到社會風潮的影響,許多有社會責任的投資者,認為對環境有害或欠缺社會責任的公司,即便股價表現再好也不願持有,這應該是 ESG 愈來愈受歡迎的因素,投資者想清楚就好。

投資單一產業 ETF,恐拉高風險

除了 ESG 之外,從 2020 年年底到 2021 年,台灣 ETF 市場陸續發行了許多不同產業及主題的商品,例如國泰台灣 5G+(00881)、中信關鍵半導體(00891)、富邦台灣半導體(00892)、中信小資高價 30(00894)、中信綠能及電動車(00896)等。這些都屬於單一產業或主題的 ETF,不論是半導體、綠能、電動車,都是未來很有潛力的產業。

然而,目前看起來有潛力,未來的投資績效也不一定會比其他產業還要好。當然,我們不能否認這些產業的發展性有機會優於整體產業,但也有可能會比較差,沒人說得準。投資不是賭博,並不是賭未來哪一個產業比較好,就把全部資金投入,賭對就大贏,賭錯輸一屁股。

投資單一產業如半導體業,目前來看確實是不錯的選擇,但並

不代表 5G、電動車或生技業不值得投資；更何況還有其他傳統產業如金融業、食品業、化學工業……等，應該也都值得投資，甚至表現更穩定。

所以投資者在選擇 ETF 時，重點不是該賭哪一個產業未來會漲最多？也不需要只賭 1、2 檔特定產業的 ETF，應該想清楚資金該如何妥善分配至各種產業、哪個產業比較重要就投入多一些……，簡單說就是也要做好產業的資產配置。

而最簡單的方式，還是老話一句，何不直接讓指數公司幫你配好所有的產業？例如追蹤台灣 50 指數或 MSCI 台灣指數的市值型 ETF。產業比重就讓市場決定，只要該產業前景不錯，市值自然跑到前幾名，就會被台灣 50 指數或 MSCI 台灣指數網羅。要知道，每一個產業都會有成長期及衰退期，持有單一產業 ETF，就得知道何時該轉換至另一產業，這是不容易做的決策。

投資其實不用那麼麻煩，買市值型的 ETF 就包括全部產業，權重就讓市場自然決定，產業起落就讓市場自行呈現。

2-5 布局美國公債、投資等級債
為資產增添防禦能力

債券資產是我長期資產配置中絕不會缺少的一環，過去台灣還沒有債券型 ETF 可以買的時候，我主要持有債券型的共同基金，或海外基金公司發行的債券型 ETF。近幾年來台灣投信公司也開始發行美國公債 ETF，以及多檔投資等級債 ETF，要配置債券資產又變得更容易了。

不過，談到這樣的商品，許多投資者簡直是不屑一顧；尤其是較年輕的族群，總認為獲利不夠看，只有準備退休的老年人才適合投資。會有這樣的誤解，是因為不太了解資產配置的重要性。到底債券資產為何如此重要呢？

股票資產功能是提升獲利，屬於攻擊性資產，然而單純持有股票資產需承受較高的波動風險。債券的主要功能則是穩定整體資

產的波動度，屬於防禦型的資產，其重要性不可小覷。這就好似古代武士所拿的長矛與盾牌，一個用於攻擊，另一個用於防禦，攻守兼備。簡單的道理，武士若只配備長矛，少了盾牌，贏得勝利的機會恐怕會降低。

債券擁有 2 特質，有助整體資產穩健成長

為什麼債券會有防禦功能呢？

特質 1》債券持有到期不會賠錢，長期淨值向上成長

債券是發行者（政府或公司）發出的借款憑據，藉此取得資金，而借錢就得付利息，因此持有債券的人可以在固定期間定期領取債券利息，到期時也會領回本金。只要我們確保債券發行機構信用優良，可以說是一筆穩賺不賠的生意，就如同長期的銀行定存單那樣，只是利息又比定存更高。因此長期而言，債券是長期趨勢往上的資產。

特質 2》債券與股票資產負相關，可減緩整體資產波動

我們常說債券會與股市呈現負相關，但嚴格說來，無論是美國公債或投資等級公司債，不是完全與股市呈現相反的走勢，還是

有部分時間點會出現齊漲齊跌的現象。

　前面提到，債券可領息，到期可回本，淨值會長期成長；只不過在利率循環的過程中，大部分時間會與股市呈現反向走勢。利用債券的這種特性，就能緩衝股票資產造成的波動，可見兩者是很理想的組合，長期可讓整體資產穩健向上成長。

投資債券並非毫無風險，利率變化會影響債券價格

　那麼，持有債券真的一點風險也沒有嗎？倒也不完全如此。債券與定存相比，相同點是持有到期能拿回完整的本金與利息；但是若在到期之前想要換現金，定存提前解約只會少領利息而已，而債券則只能轉賣給別人，在轉賣時就會產生價格變動的風險。

　債券未到期時轉賣給別人，價格不是自己想賣多少就能賣多少，而是由市場機制決定。而直接左右債券價格的關鍵就是「利率」，債券價格跟利率呈現反向波動，在升息期間，市場利率往上攀升，先前在較低利率時發行的債券價格就會下跌；反之，降息期間，市場利率往下降，先前在較高利率時發行的債券價格則會往上漲。

債券從短天期到長天期都有，長天期的債券波動又更明顯；因為資金被卡住的時間比較長，持有承受的風險較高，於是對於借款期間較長的長天期債券來說，會導致更大的價格波動。

因此，雖然債券的風險只會在進行轉讓交易時產生，但當投資者有資金需求時要被迫脫手，就會低價賣出造成虧損；也可以說，只要這筆金額是閒錢，可預期短時間不會用到，最能安穩享有債券長期持有穩賺不賠的優點。

另外，如果不是抱持長期做資產配置的心態來持有債券，看到債券價格波動就想當成股票一樣短線進出，只要看錯方向，還是有可能虧損的。

股災時想加碼股市，債券是最佳資金來源

債券價格主要是受利率影響，那與股市多空又有什麼關係？為什麼能夠平衡股票資產的風險？

通常，股市進入空頭市場，都是景氣不佳的時期；政府為了救經濟，會採取降息措施以降低民間的利息負擔，希望鼓勵民眾增

加消費、激勵企業增加投資；而利率調降了，債券價格自然就會上揚。當景氣變好了，有可能產生通膨危機，政府就會提升利率，債券價格也會因此滑落。

因此我們常常會發現以下現象：

◎景氣差、股市走空頭→政府降息→導致債券價格上漲。
◎景氣好、股市走多頭→政府升息→導致債券價格下跌。

了解股市、利率與債券價格變化之間的關係後，我們就可以好好運用這個道理，順勢為資產創造更大的成長機會。

方法很簡單，當股市進入空頭，意味著我們可用更低的成本取得股票資產；只要趕在此時投入資金加碼更多股票部位，未來等股市回升就會有可觀的獲利。

而加碼資金要從哪來？如果有銀行定存，就把定存解約；但如果有債券資產就更棒了，畢竟定存的本金不會變，債券資產卻會因為降息環境而大漲，此時只要賣掉一些上漲的債券資產，就有錢拿去加碼股市了。平常看似無用，但當大型股災出現時，就會

慶幸還好有債券這項資產。

效法銀行 2 方法，降低債券借款與倒帳風險

前面我們討論債券性質時以銀行定存比喻，不知道大家腦中有沒有浮現一個問題——父母總是跟我們說不要輕易借錢給別人；生活經驗也告訴我們，借錢出去很容易石沉大海，但為什麼銀行總能靠借貸賺取獲利？

原因有兩個：第 1，銀行在放款前，會對借款人做「信用審查」，基本作業一定會調閱他的信用紀錄、確認收入是否穩定，不然就是要求擔保品，降低拿不回借款的可能性。

第 2，銀行不只借錢給一個人，而是同時借錢給很多人。這麼做有一個好處，即使一個人欠錢不還，也不會衝擊銀行經營；銀行還能夠從其他借款人手中拿回利息與本金，這就是所謂的分散風險。

那麼，我們是否也能將同樣的方式運用在債券投資身上？當然，我們可以這麼做：

1. 效法銀行分散借款風險
→投資債券 ETF，一次持有多張債券

銀行將風險分散到多位借款人，是將雞蛋放在不同的籃子；我們投資債券也可以增加借款對象，讓風險盡可能分散。

想達成這個目的，最快又最划算的方式就是買進債券型 ETF。債券型 ETF 可以幫助我們以低額的價格，持有數十、數百檔債券；即使有 1、2 家倒債了，也不至於對我們的資產造成明顯傷害。

借款人的條件自然愈有信用愈好，因為還錢機率高；銀行承擔的風險低，就會願意用較低的利率向借款人收取利息。而對於信用差的借款人，銀行承擔風險較高，就會向借款人要求比較高的利率。

2. 效法銀行降低倒債風險
→選擇信用評等優良的債券

銀行透過信用審查為借款人評分，而債券也有「信用評等」機制。政府規定每檔債券在發行時，都需要經過信用評等機構打分數，以保障投資人的權益。信用評等公司就像散戶的徵信顧問，讓投資人擁有更公正的數據，權衡報酬與風險的取捨。

表1 **標準普爾、惠譽BB級以下即為非投資等級債**
——債券信用評等表

信用評等機構		標準普爾	惠譽	中華信評	穆迪
投資等級	高評級	AAA		twAAA	Aaa
		AA		twAA	Aa
		A		twA	A
	中評級	BBB		twBBB	Baa
非投資等級		BB		twBB	Ba
		B		twB	B
		CCC		twCCC	Caa
		CC		twCC	Ca
		C		twC	C
		D		twD	D

資料來源：各信用評等機構

目前國際 3 大信評機構為標準普爾信用評等公司（Standard & Poor's）、惠譽國際信用評等公司（Fitch Ratings）、穆迪信用評等公司（Moody's Investors Service），台灣本土的信評機構則為中華信用評等公司。信用評等分為長期（1 年以上）和短期（1 年以下），一般我們提到的都是長期信用評等，主要分為投資等級與非投資等級（詳見表 1），以標準普爾、惠譽的信用評等為

例，投資等級由高而低依序為 AAA、AA、A、BBB；而 BB 以下都歸類為非投資等級，因為信用差，就得支付投資者更高的利息，因此又稱為高收益債。

債券信用評等夠高，才能提供資產保護作用

目前台灣投信有發行的債券型 ETF，都是投資國外債券市場為主，主要有不同天期的美國公債 ETF、不同信用評等的公司債 ETF，以及新興債 ETF 等，又該怎麼挑呢？

既然要用債券作為防禦性資產，防禦能力就要夠強，才能有足夠的保護作用。「長天期美國公債」與「投資等級債」的倒債風險相對低，且跟股票資產負相關程度較大，穩定波動的程度最明顯，所以防禦能力最佳，最適合用來搭配股票資產。

1. 長天期美國公債 ETF

美國公債有不同的屆滿期，到期時間愈長，風險愈高，殖利率也愈高。為什麼要選長天期，而不是中短天期？因為時間愈長，愈無法掌握，長天期債券投資者會需要負擔較高的風險，因此理應獲得較高的殖利率。

　　債券的殖利率通常指到期殖利率，這和股票的殖利率概念有些不同，債券到期殖利率是指「持有到期的年平均投資報酬率」，是由「無風險利率」加上「風險貼水」所構成的。

　　「無風險利率」可以用美國 3 個月期公債殖利率當標準；「風險貼水」是指承擔風險的報酬，又稱為風險溢酬。由於目前美國聯準會的利率低，造成短天期美國公債 ETF 的殖利率也非常低；投資者若想獲得高一些的殖利率，就要多承擔一些風險，例如選擇較長天期的美國公債 ETF，或者債信稍差的公司債 ETF，才有機會獲得較高的殖利率。

　　只要到投信公司網站，就能看到該債券 ETF 所持有一籃子債券的平均到期殖利率是多少。就以元大投信發行的美國公債 ETF 為例，長、中、短期都有，在 2021 年 9 月 15 日這天，短天期的元大美債 1-3（00719B）平均到期殖利率僅有 0.22%，中天期的元大美債 7-10（00697B）則是 1.19%，長天期的元大美債 20 年（00679B）為 1.83%（詳見表 2）。

　　同樣都是美國公債，信用風險都一樣，只不過到期年數不一樣，利率風險及流動性風險就不一樣。既然我們選擇持有信用良好的

表2 長天期美國公債ETF殖利率比中、短天期高
——不同天期美債ETF殖利率及存續期間比較

名稱 （證券代號）	成分債券檔數 （檔）	平均到期殖利率 （%）	平均有效存續 期間（年）	平均到期日 （年）
元大美債1-3 （00719B）	63	0.22	1.89	1.93
元大美債7-10 （00697B）	17	1.19	7.99	8.46
元大美債20年 （00679B）	40	1.83	19.90	25.91

註：資料日期為2021.09.15　資料來源：元大投信

美國公債 ETF，就已經能將大部分的風險降低了，那麼也就可以稍微承擔一些風險，選擇長天期以獲取較高的報酬（台灣投信發行長天期美國公債 ETF 詳見表 3）。

2. 投資等級公司債 ETF

投資等級債雖然包含 AAA、AA、A 至 BBB 等級，不過觀察台灣投信公司設計的投資等級債 ETF 商品，又大致分為兩種：

①只投資「AAA、AA、A」或「AAA、AA」債券，信用最良好，

表3 **台灣共有8檔長天期美國公債ETF可供選擇**
——台灣投信長天期美國公債ETF列表

名稱（證券代號）	上市日期
元大美債20年（00679B）	2017.01.17
國泰20年美債（00687B）	2017.04.13
富邦美債20年（00696B）	2017.06.08
群益25年美債（00764B）	2018.12.24
FH20年美債（00768B）	2019.01.28
凱基美債25+（00779B）	2019.02.14
中信美國公債20年（00795B）	2019.04.11
永豐20年美公債（00857B）	2019.09.30

註：資料日期為 2021.09.15　資料來源：台灣證券交易所

殖利率也相對低一些。

②以「BBB」等級的投資等級債為主，信用風險和殖利率都稍微高一些。

這兩種都是投資等級債券，選哪一種都可以。目前台灣投信推出的投資等級債 ETF 有 18 檔（詳見表 4），每檔的投資範圍與

債券信用評等分布多少有些不同，但殖利率倒是大同小異；可以在比較過後，按照自己的喜好決定。

　　至於非投資等級的高收益債，或是新興債，就比較沒有防禦特質，性質上反而比較接近股票，自然也不適合在資產組合當中擔當減緩波動風險的角色。

　　投資等級債的殖利率組成主要是無風險報酬，風險貼水只是小部位；而高收益債的殖利率組成，風險貼水占大部分，無風險報酬只是點綴。所以當美國聯準會調整利率時，高收益債所受到的影響較小，不會跟股票型資產成反方向波動，自然不適合跟股票互相搭配。

　　持有債券型 ETF，跟直接持有債券還是有點不同；個別的債券有到期日，債券型 ETF 是沒有到期日的。當一檔 ETF 裡的債券到期，ETF 經理人便會購買一檔新的債券，使 ETF 得以繼續運轉；只要這個過程中，每一檔債券都獲利，ETF 的淨值便會持續往上。

　　整體而言，持有債券的原理，與銀行定存相當類似。但凡在債券上遇到的問題，皆可從銀行定存中尋找答案。既然銀行定存可

表4 台灣有18檔投資等級債ETF可供選擇
——台灣投信投資等級債ETF列表

類型	名稱（證券代號）	上市日期
AAA～A	富邦A級公司債（00746B）	2018.08.15
	元大AAA至A公司債（00751B）	2018.10.03
	群益AAA-AA公司債（00754B）	2018.10.22
	國泰A級公司債（00761B）	2018.11.30
	中信高評級公司債（00772B）	2019.01.29
	凱基AAA至A級公司債（00777B）	2019.02.14
	FH公司債A3（00789B）	2019.03.20
	群益A級公司債（00792B）	2019.04.03
	凱基AAA-AA公司債（00841B）	2019.06.10
BBB為主	新光投等債15+（00775B）	2019.02.15
	群益1-5年IG債（00860B）	2019.10.18
	凱基IG精選15+（00840B）	2019.06.10
	中信投資級公司債（00862B）	2019.10.18
	中信ESG投資級債（00883B）	2021.02.04
	元大投資級公司債（00720B）	2018.02.01
	國泰投資級公司債（00725B）	2018.02.07
	富邦全球投等債（00740B）	2018.06.08
	凱基ESG BBB債15+（00890B）	2021.05.10

註：資料日期為 2021.09.15
資料來源：台灣證券交易所、台灣櫃買中心

以在不挪動本金的前提下使資產不斷提高,那麼債券也可以。只要我們謹記一個原則——「用閒錢投資」,長期持有、分散投資,我們也可以迴避風險,讓債券在資產配置中發揮最大效益。

平時定期定額買,殖利率高檔時加碼買

既然知道投資債券型基金或 ETF 是必要的資產配置,那麼要在什麼時候買進最好?可以掌握 2 個重點:

1. **平時定期定額買**:我一向都是長期持有且不看進場點,投資等級債 ETF 既然長期趨勢往上,平時只要用定期定額這種機械化的方式投入即可,長期而言就自然會買到平均的價格。

2. **殖利率高檔加碼買**:購買債券時,殖利率的高低決定了這筆投資的報酬,殖利率愈高時代表價格愈低;在升息環境、殖利率愈高時買入,持有時間愈長,獲利愈多。如果買進後殖利率繼續升高,債券 ETF 價格往下掉,那就繼續加碼就好,即可在殖利率高檔時建立愈多部位。

等到未來轉向降息環境,隨著殖利率降低,債券價格就會上漲,

到時候不管是有資金需求，或是想加碼下跌的股票資產，就能夠賣出部分債券資產取得資金。

講到這裡，很多人會苦惱，殖利率上升到什麼程度算是高檔？還有沒有更適合判斷加碼時機的方法？有的，可以觀察「**美國短天期公債殖利率接近或大於長天期公債殖利率時**」。

怎麼說呢？前文才提到，美國公債的到期時間愈長，風險愈高，殖利率也愈高；因此在正常情況下，短天期公債殖利率會低於長天期公債。

不過，當股市漲到不理性的程度時，瘋狂的投資者會開始拋售短天期的債券，去追逐已經漲高的股票；短天期債券價格就會下跌、殖利率上漲，甚至逼近或高於長天期公債殖利率，此時就會是買進長天期公債的最佳時機。

快速掌握債券ETF的報酬與風險特色

想要知道此時買進債券 ETF，長期持有會拿到什麼樣的報酬或承受怎樣的風險，相關資訊都可以在發行 ETF 的投信公司網站中找到。其中最重要的是一張提供到期殖利率、存續期間以及屆滿期資訊的表格。每家投信的網站路徑不同，這張表通常可以在基金的「持債比重」或是「現金申購買回清單」頁面中找到。

以下以 2021 年 10 月 28 日查詢的中信高評級公司債（00772B）為例：

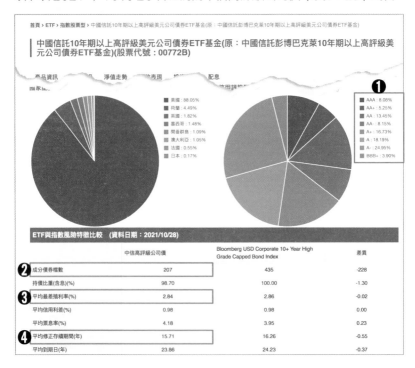

首頁 > ETF > 指數股票型 > 中國信託10年期以上高評級美元公司債券ETF基金(原：中國信託彭博巴克萊10年期以上高評級美元公司債券ETF基金)

中國信託10年期以上高評級美元公司債券ETF基金(原：中國信託彭博巴克萊10年期以上高評級美元公司債券ETF基金)(股票代號：00772B)

產品資訊　　淨值走勢　　　　表現　　　　　　　配息

| 美國：88.05% |
| 荷蘭：4.49% |
| 英國：1.82% |
| 墨西哥：1.48% |
| 開曼群島：1.09% |
| 澳大利亞：1.05% |
| 法國：0.55% |
| 日本：0.17% |

❶
| AAA：8.08% |
| AA+：5.25% |
| AA：13.45% |
| AA-：8.15% |
| A+：16.73% |
| A：18.19% |
| A-：24.95% |
| BBB+：3.90% |

ETF與指數風險特徵比較　（資料日期：2021/10/28）

	中信高評級公司債	Bloomberg USD Corporate 10+ Year High Grade Capped Bond Index	差異
❷ 成分債券檔數	207	435	-228
持債比重(含息)(%)	98.70	100.00	-1.30
❸ 平均最差殖利率(%)	2.84	2.86	-0.02
平均信用利差(%)	0.98	0.98	0.00
平均票息率(%)	4.18	3.95	0.23
❹ 平均修正存續期間(年)	15.71	16.26	-0.55
平均到期日(年)	23.86	24.23	-0.37

1. 被倒債機率高嗎？
→觀察債券信用評等

這檔 ETF 在 2019 年推出，追蹤的是彭博巴克萊 10 年期以上高評級美元公司債指數。從名稱看不出它投資於哪些等級的債券，因此我們可以查詢它的「投資組合」，目前它所持有的債券當中，❶有將近 95% 的債券信用評等都是 A 級以上，安全性高；❷持有的債券檔數多達 207 檔，非常分散，因此倒債機率應該很低。

2. 現在買進，年平均報酬率大約多少？
→觀察「平均最差殖利率」

債券 ETF 所持有的每檔債券殖利率不同，因此我們可以查看平均數字。如圖中的❸「平均最差殖利率」，指的就是目前這檔 ETF 的債券組合所能提供的最差殖利率水準，代表我們買進之後，將目前這一籃子債券持有到期，平均可獲得每年至少 2.84% 的報酬率。但如果你查詢的是公債 ETF，這個欄位的名稱就會是「平均到期殖利率」。

3. 現在買進，未來升降息時，對 ETF 的淨值影響有多大？
→觀察「平均修正存續期間」

債券的存續期間愈久，對殖利率愈敏感。但是要特別注意，存續期間跟屆滿期字面上看起來意思一樣，但這是專有名詞，兩者意義不一樣喔！

「屆滿期」是指多久到期，而「存續期間」是指債券價格對殖利率的敏感度。也就是殖利率每上升（下降）1 個百分點，債券價格會下跌（上漲）的幅度。例如存續期間 15 年，那麼殖利率每下降 1 個百分點，債券價格會上漲 15%；反之，殖利率每上升 1 個百分點，債券價格就會下跌

接續下頁

15%。

同樣地，債券 ETF 持有多檔債券，表中的「平均修正存續期間」就會提供這個資訊。此檔 ETF 在 2021 年 10 月 28 日顯示的❹平均修正存續期間是 15.71 年，就代表未來殖利率若上漲 1 個百分點，例如從 2.84% 升到 3.84%，此 ETF 淨值就會下跌 15.71%。

簡單說，存續期間愈短，對殖利率的變動愈不明顯，也就是風險較低。而存續期間愈長對殖利率變動較敏感，風險較高。不過，承擔風險獲得的就是報酬，也就是殖利率會比較高，至於選哪一個，就看自己能夠承擔多少程度的風險了。

2-6 槓桿型、反向型ETF操作不易 不適合新手投資

　　既然買進追蹤大盤績效的 ETF，是看好大盤能夠長期向上，那麼如果想要獲得更好的績效，能不能乾脆投資「正 2」這種槓桿型 ETF 呢？這樣不就能讓績效直接翻倍？

　　而大盤走勢也不是天天漲、年年漲，如果遇到偶然出現的空頭市場，是不是也可以投資「反 1」這種反向型 ETF ？這樣即使股市下跌不就也能賺到錢？

　　目前台灣投信公司推出的 ETF 商品當中，就有標的為台灣 50 指數及台灣加權股價指數的槓桿型及反向型 ETF。台灣以外的主要股市：美股 3 大指數——S&P 500 指數、道瓊工業平均指數、那斯達克指數，以及中國、日本、香港、印度等，還有長天期美國公債指數，也都各有對應的槓桿型與反向型 ETF。

指數本來就是有漲有跌，這些槓桿或反向的商品，對於有把握抓緊市場變化的投資人，似乎可做出更靈活的操作；但是，一般散戶投資者，尤其是剛開始學投資的初學者，恐怕都不適合輕易嘗試。

槓桿型 ETF》波動風險加劇，增加投資心理負擔

台灣投資者最耳熟能詳的元大台灣 50（0050）是追蹤台灣50 指數，而 2 倍槓桿的 ETF 即為元大台灣 50 正 2（00631L）。投資者到底要怎麼理解這樣的槓桿型 ETF 呢？

1. 持有標的並非一籃子股票，而是期貨

單純投資元大台灣 50 是一種被動式投資，等於持有一籃子股票；但是投資元大台灣 50 正 2，就是一種利用財務槓桿企圖放大報酬的行為，所持有的標的則是期貨，而非股票。

從元大投信的官網找到這檔 ETF 的「申購買回清單」，就能看到它的「基金權重」內容，是「台股期貨」以及「台灣 50ETF 股票期貨」（詳見圖 1）。既然是期貨，投資者當然也不會領到任何配息。

資料來源：元大投信

2. 累積報酬率不是剛好正負 2 倍

　　元大台灣 50 正 2 的簡式公開說明書寫道：「本基金係採用指數化策略，將本基金扣除各項必要費用後盡可能追蹤標的指數（即台灣 50 指數）單日正向 2 倍報酬之績效表現為操作目標」。

　　注意，凡是這種正 2 的槓桿型 ETF，追求的都是「單日正向 2

表1 正2槓桿型ETF累積報酬率高於標的指數2倍
——元大台灣50正2 vs. 指數累積報酬率

名稱	累積報酬率（%）					
	近3月	近6月	近1年	近3年	近5年	00631L 成立日起
元大台灣50正2（00631L）	16.17	47.82	161.98	262.05	552.90	564.00
台灣50指數	3.37	15.81	55.68	72.68	114.48	117.93
台灣50單日正向2倍報酬指數	5.76	31.07	133.11	167.49	299.28	293.49

註：1.00631L成立日期為2014.10.23，上市日期為2014.10.31；2.台灣50單日正向2倍報酬指數為元大投信以台灣50指數之單日正向2倍報酬模擬編製，報酬數字僅供參考；3.報酬率計算截至2021.06.30
資料來源：元大投信

倍」報酬率，也就是說，持有一段期間後，因為每日複利的緣故，累積報酬率並不是剛好2倍。持有期間若標的指數是上揚的，正2槓桿型ETF的累積報酬率會比2倍還要高（詳見表1）；反之，若標的指數在這期間下跌，正2槓桿型ETF的累積虧損也會比2倍還要少。

3. 空頭時正2槓桿型ETF放大虧損，投資者恐無力承受

從表1看起來，元大台灣50正2好似比元大台灣50更能賺

表2 2020年3月股災時，元大台灣50正2股價腰斬
—— 元大台灣50、元大台灣50正2股災時累積報酬率

名稱 （證券代號）	股災前 （2020.01.20）	股災最低點 （2020.03.19）	累積報酬率 （%）
元大台灣50 （0050）	97.70	67.25	-31.17
元大台灣50正2 （00631L）	54.60	26.40	-51.65

資料來源：台灣證券交易所

錢，為什麼我會說不適合一般投資者呢？

投資理財不能只看到報酬，卻忽略了風險。近 2 年台股漲勢驚人，此刻看到的 ETF 績效都相當美好；但我們不能忘記，當出現波段下跌時，正 2 槓桿型 ETF 的虧損即使不是放大 2 倍，但造成的威力卻也不可小覷。

比較元大台灣 50 及元大台灣 50 正 2 的股價就知道了。2020 年 3 月新冠肺炎疫情造成的股災，元大台灣 50 在 2 個月內下跌 31.17%，已經讓許多投資者難以承受；而元大台灣 50 正 2 則是下跌 51.65%，報酬率近乎腰斬（詳見表 2）。如果剛

好在下跌前投資了 100 萬元,在跌到最低點這天,就會看到 48 萬多元的虧損,這種跌幅可不是一般人可忍受的。

資產配置的最高指導原則,是在自己可以承擔的風險下,取得最高的報酬,顯然這種正 2 槓桿型 ETF 的波動風險大幅高於單純追蹤指數。長期投資最怕半途而廢,而這種高度的波動,往往是讓投資者放棄長期投資的元凶。

正 2 槓桿型 ETF 較適合用於波段操作,當市場短期的上漲趨勢明顯,波動愈大、短期可能獲得的報酬較大,所以具有高度的投機性質。也因為波動風險加劇,並不適合單獨持有。

好的資產配置必須能夠讓淨值穩健成長,波動程度愈低愈好,長時間持有才能心安理得,將市場變化造成的痛苦盡可能降低。即便是單純的股票型基金或 ETF,波動程度就已經夠大了,都還需要另行配置債券型基金或債券 ETF 等負相關的資產,來降低整體資產的波動風險;若硬要加入更高波動的資產,很容易失去想要長期投資的信心。

簡單說,想要安心地讓資產穩健成長,就得避免持有這類型投

資商品。

反向型 ETF》長期持有，價值會逐漸減損

既然長期投資的配置，要選擇與股票資產有負相關的資產，那麼與指數呈現反向報酬的反向 ETF，可以拿來搭配一般追蹤指數的 ETF 嗎？

答案是「不行」。

1. 長期向上市場，絕不能長期持有反向 ETF

會選擇負相關的資產做配置，目的不是讓資產價值一增一減，要真是這樣做，那麼一種資產持有 10 年賺 100 萬元，另一種資產持有 10 年賠 100 萬元，最後沒賺沒賠，那又何必投資？

資產配置是要找「波動相反」的資產搭配，也就是必須具有負相關性。波動雖然相反，但是兩者長期趨勢都要往上才行。如果用 0050 及元大台灣 50 反 1（00632R）搭配，因為設計上是完全相反的，所以只要 0050 趨勢往上，00632R 的趨勢必然往下，所以兩者相加完全不會動。也就是說，不只波動消除掉了，

連長期趨勢也不見了，就如同持有現金一樣，只是會被扣掉費用而已。

我之所以會強調用債券資產（以長天期美國公債為主）來搭配股票資產，原因之一是，在短期市場波動時，兩者的走勢會相反，因此可以降低波動。

另一個原因是，縱使債券價格短期會有漲跌，然而持有到期就能領回本金，持有期間能持續領配息，因此也是一種能向上累積的優質資產。

當我們持有市值型股票 ETF，再搭配長天期美國公債 ETF，兩者都是「長期趨勢往上」，兩者搭配雖然讓短期波動變小，但長期趨勢還是往上走的，就能達到資產報酬率更穩定、又具備長期成長的效果。

反向型 ETF 就不是這麼回事了，這種商品既然長期與指數表現呈現反向走勢，那麼對於一個持續向上走的市場，反向型 ETF 的價值就會愈來愈低，資產也會慢慢地被侵蝕掉。

圖2 元大台灣50反1呈長線向下趨勢
——元大台灣50反1（00632R）走勢圖

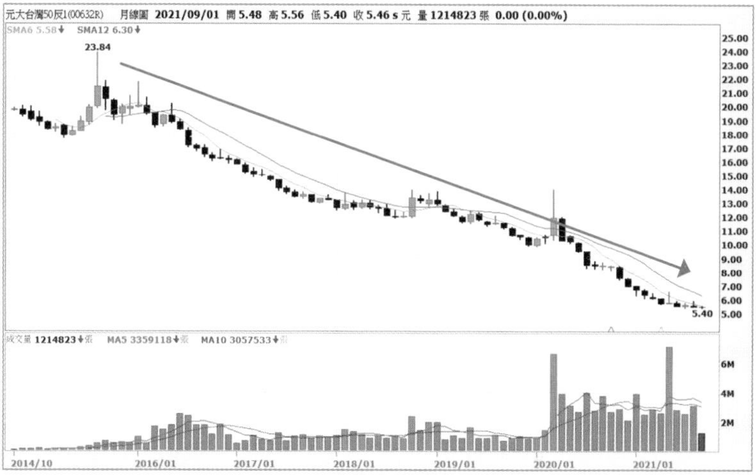

元大台灣50反1(00632R) 月線圖 2021/09/01 開 5.48 高 5.56 低 5.40 收 5.46 s 元 量 1214823 張 0.00 (0.00%)
SMA6 5.58↓ SMA12 6.30↓

23.84

成交量 1214823↓量 MA5 3359118↓量 MA10 3057533↓

註：資料日期為 2014.10.31 ～ 2021.09.15
資料來源：XQ 全球贏家

　　就以 00632R 為例，如果在 2014 年 10 月成立初期就以每股約 20 元買進，持有至現在的 2021 年 9 月，近 7 年來股價只剩 5.4 元（詳見圖 2）。也就是說，如果當初花費 20 萬元買進，現在只剩 5 萬 4,000 元。

很明顯地，既然已經知道大盤指數的反向型 ETF 會長期貶值，又怎麼能與債券資產相提並論？也完全沒有能用來做資產配置的理由。

2. 僅追求單日反向報酬，空頭時持有不一定賺錢

不過，反向型 ETF 若在空頭時確實會上漲不是嗎？沒錯，但這代表你能夠精準判斷當下的市場走勢，而且要買得夠多、趁市場反彈前出場，才會賺到相對豐厚的獲利。

只不過，會想在股市下跌期間買反向型 ETF 的散戶投資者，通常也不敢大舉買進，且常常會在快跌到底部時才買，結局往往是一毛錢也賺不到。與其費盡心思去賺這種不一定能賺到的蠅頭小利，不如趁下跌時再繼續增加市值型 ETF 的部位。

元大台灣 50 反 1 也是透過期貨操作，在扣除各項必要費用後，盡可能追蹤台灣 50 指數「單日反向 1 倍」報酬的績效表現。它只盡可能追蹤單日報酬率，而非追蹤持有期間的累積報酬率；由於期貨有操作成本，因此持有一段期間的累積報酬，會比同期間台灣 50 單日反向 1 倍報酬指數的累積報酬率更差（詳見圖 3）。

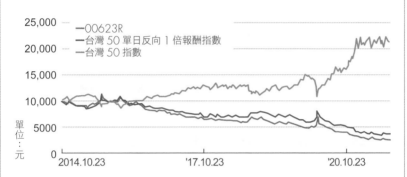

圖3 00623R較台灣50指數反向1倍的報酬更差

00623R、台灣50指數、台灣50指數反向1倍萬元績效圖

00623R、台灣50指數、台灣50指數反向1倍報酬率

名稱	累積報酬率（%）					
	近3月	近6月	近1年	近3年	近5年	00623R 成立日起
元大台灣50反1 （00623R）	1.45	-8.36	-33.85	-53.42	-66.16	-72.05
台灣50指數	-3.42	-0.17	32.99	58.12	94.10	110.46
台灣50單日反 向1倍報酬指數	2.93	-1.46	-27.41	-43.38	-55.27	-60.86

註：1. 資料日期為 2014.10.23 ～ 2021.09.30；2. 此圖為假設期初投入 1 萬元，
　　截至期末時的累積金額；3. 00623R 成立日期為 2014.10.23，上市日期為
　　2014.10.31；4. 台灣 50 單日反向 1 倍報酬指數為元大投信以台灣 50 指數之單
　　日反向 1 倍報酬模擬編製，報酬數字僅供參考
資料來源：Yahoo Finance、元大投信

　　綜合來說，元大台灣 50 反 1 這種反向型 ETF，大概只適合在短線下跌期間短暫持有。不過，通常能對短期市場趨勢看得如此準確的專業投資者，其實也不見得會選擇這種標的，因為即使看對方向，能獲得的利潤也相當有限；就算是專業投資者遇到空頭趨勢，打算進行避險操作，也多會直接以期貨或選擇權為工具，效果更為顯著。

　　其實，一般長期投資者只要確認所持有的資產會長期上漲，就不需要如此糾結於股市的短期變化。就算擔心股市下跌，只要再搭配安全的債券資產，就能明顯降低整體資產的波動風險。

2-7 ETN、ETF同為指數化商品 本質卻大不同

　　國內證券市場在 2019 年 4 月多了一個投資商品「ETN」（詳見表 1），跟大家熟悉的 ETF 只差 1 個英文字母，同樣都是指數化商品，兩者有何不同呢？

　　雖然發行的初期，許多媒體或發行公司也有許多文章及影片，教育投資者 ETN 到底是什麼投資商品，但基於利益衝突或其他原因，並沒有將這個新商品交代清楚，導致大部分投資者還是一知半解。

差異 1》ETN 不持有實際資產

　　ETN 的英文全名為「Exchange Traded Notes」，正式名稱為「指數投資證券」，Notes 為「債券」的意思，而 Exchange

Traded 意思是證交所掛牌上市的投資商品，更貼切的名稱是
「交易所掛牌上市之債券」。證券中文簡稱最後會有一個英文字
「N」，證券代號則以「O2O」開頭。

雖然名為債券，卻又跟我們認知的傳統債券不同，ETN 是由券
商發行，不持有任何資產，當然也不會配發利息；投資者只能獲
得持有到期時，該 ETN 所連動指數績效扣除發行公司費用後的
報酬。

而 ETF 的英文全名為「Exchange Traded Funds」，為「證交
所掛牌上市之基金」，因此兩者的差異在於，ETF 交易標的是基
金單位數，而 ETN 交易標的是債券單位數。

市場上已經有 ETF 可以用來追蹤指數，證交所為什麼還允許
發行 ETN 這種商品？由於不是所有指數都容易用基金複製，而
ETN 可以獲得發行公司承諾到期支付指數的損益，不管發行公司
用何種方法支付。就因為如此，幾乎任何指數都可追蹤，是投信
公司提供給投資者的另一種投資商品。

那麼 ETN 是如何追蹤指數呢？其實，債券契約只是發行者對

表1 台灣投信已發行17檔ETN
——台灣投信發行的ETN列表

證券簡稱（代號）	標的指數	到期日
富邦特選蘋果N（020000）	臺灣指數公司特選大蘋果報酬指數	2029.04.29
元富新中國N（020002）	標普新中國行業指數	2024.04.29
兆豐電菁英30N（020004）	臺灣指數公司電子菁英30報酬指數	2022.04.29
永昌中小300N（020006）	臺灣指數公司上市中小型代表300報酬指數	2022.04.29
凱基臺灣500N（020007）	臺灣上市500大報酬指數	2024.04.29
元大特股高息N（020008）	臺灣指數公司特別股混合高股息20報酬指數	2022.04.29
統一微波高息20N（020011）	臺灣指數公司微波高息精選20報酬指數	2029.12.02
富邦行動通訊（020012）	臺灣指數公司特選世代行動通訊報酬指數	2029.12.19
統一MSCI美低波N（020015）	MSCI美國低波動報酬指數	2025.03.26
統一MSCI美科技N（020016）	MSCI美國資訊科技報酬指數	2025.03.26
富邦蘋果正二N（02001L）	臺灣指數公司特選大蘋果報酬指數日報酬正向兩倍指數	2030.04.15
富邦蘋果反一N（02001R）	臺灣指數公司特選大蘋果報酬指數日報酬反向一倍指數	2030.04.15
統一價值成長30N（020018）	臺灣指數公司特選價值成長報酬指數	2025.07.29
統一特選台灣5GN（020019）	臺灣指數公司特選臺灣上市上櫃FactSet 5G報酬指數	2025.07.29
元大台股領航N（020020）	臺灣指數公司特選台股領航報酬指數	2030.11.01
元大電動車N（020022）	臺灣指數公司特選臺灣電動車產業鏈代表報酬指數	2023.12.07
元大特選電動車N（020028）	臺灣指數公司特選臺灣電動車產業鏈代表報酬指數	2031.09.26

資料來源：台灣證券交易所

債券持有人（債權人）的承諾，不一定是利息，還能承諾轉換公司股票（可轉換公司債），甚至是承諾支付某項指數收益（結構債或連動債）。而 ETN 所發行的債券就是連動債，連動標的理論上可以是任何類型的指數。

因為指數連動的關係，ETN 不但沒有一般債券穩定收息的特質，投資者也得承擔指數的市場風險。傳統在銀行銷售的連動債通常具有保本的特質，然而 ETN 的投資者卻得負責全部損益。

例如，統一 MSCI 美低波 N（020015）這檔 ETN，就是連動 MSCI 美國低波動報酬指數。這檔 ETN 到期日為 2025 年 3 月 6 日，發行價格 10 元。統一證券承諾在到期日給付扣除費用後的指數收益。也就是說，這檔 ETN 到期時，該指數扣除費用後漲了 20%，統一證券會給付投資者每單位 12 元，也就是每單位獲利 2 元。

差異 2》若發行機構破產或倒閉，投資者恐血本無歸

ETN 及 ETF 都在證交所買賣，也就是說，買賣 ETN 就跟買賣個股及 ETF 的方式一樣，都能透過證券下單軟體交易。

而既然 ETN 及 ETF 交易的標的分別是債券及基金，那麼承擔的風險因為標的物本質不同，風險也就不一樣。

若買的是基金，即便投信公司不幸倒閉，基金持有者的權益並不會受損，因為基金的資產是投資者所擁有，投信只是代操而已。然而，若買的是連動債，萬一 ETN 發行機構破產或倒閉時，持有的債券就沒價值了。

另外，由於 ETN 是由發行公司承諾給付連動指數的收益，那麼當 ETN 到期時，投資者若有獲利，代表發行公司就會虧損相等的金額；反之亦然，投資者虧損，就是 ETN 發行商獲利。沒錯，這就是 ETN 發行公司得承擔的市場風險，但投資者也得承擔相等的風險。

看起來，ETN 發行公司是在跟投資者對賭指數的漲跌，不過公司也沒有那麼笨，它們可以利用市場上提供的指數期貨，或選擇權等衍生性商品，將市場風險規避掉。即便市場上沒有對等的衍生性商品可以避險，公司只要將發行債券所得到的資金，自行複製一個追蹤該指數的基金即可；當 ETN 到期時，不論指數漲跌多少，發行公司手中的指數基金也會有同樣的漲跌幅。

　　而只要是指數化商品，就要考慮追蹤誤差，也就是基金淨值及指數之間的差異。若掛牌上市買賣，又會多了折溢價的問題，市價高於基金淨值就是溢價，市價低於淨值就是折價。

　　例如傳統的指數型基金，用基金來複製指數，多多少少會出現追蹤誤差；但因為沒有上市買賣，投資者交易的價格都是淨值，所以不會有折溢價的問題。而 ETF 是指數基金掛牌上市買賣，除了有追蹤誤差問題，還會有折溢價問題。

　　至於 ETN，雖然也是指數化商品，但追蹤指數的方式不是複製指數，而是發行證券公司的承諾支付指數損益，只要到期履行約定，當然沒有追蹤誤差的問題；但由於 ETN 有上市買賣，仍會有折溢價問題。

　　以 ETF 而言，因為本質是基金，所以折溢價的計算很單純，就只是市價跟淨值的差異。而 ETN 是連動債，折溢價是用市價跟「指標價值」之間的差異來計算，指標價值是扣除費用後的理論淨值，發行 ETN 的證券公司網站，通常每 15 秒會公布一次當前指標價值供投資者參考。因此，雖然 ETN 只需要考慮折溢價問題，但卻比 ETF 更不容易掌控。

另外，ETN 也有必須支付的費用，且是每日計算，公式為：

當日投資手續費＝前日指標價值 ×（當日標的指數值 / 前日標的指數值）×（費用率 /365）

　　總而言之，ETN 跟 ETF 都是追蹤指數商品，最大的差別是 ETN 多了發行公司的信用風險，萬一發行公司發生財務問題，ETN 投資者可能血本無歸。因此，如果投資者對於這類商品沒有把握，那麼在建構投資組合時，以 ETF 為主仍是更踏實的選擇。

CHAPTER 3

活用資產配置

搞懂資產配置理論
3-1
在可承受波動風險下提升報酬

　　想做一個聰明又穩健的投資者，尤其是投資 ETF，就得先學好資產配置（Portfolio Allocation）。ETF 本身就是一組資產，權值股都是經過精心調配後的組合，當學過資產配置理論後，就會更相信 ETF 是最好的投資標的。資產配置理論不只運用於 ETF，也可以用於任何投資標的，只要可投資的商品都適用。

資產配置應建立在「長期持有」基礎上

　　資產配置或資產組合是投資學很重要的一個課題，也是法人機構使用的投資方法。身為一般投資者，不用過度追究理論的推導，只要抓住意義及精神，就可以輕鬆應用這項知識。

　　本書只談資產配置的觀念及其應用，讓讀者可以輕鬆了解資產

配置的精華。

　　一般投資者想像的資產配置，討論的議題大部分是當前該持有哪些基金或 ETF，會有比較大的獲利機會？也就是糾結在什麼標的現在該買，以及什麼標的該賣？全部都環繞在買賣這些波段操作面。其實，這些都是基金銷售的話術而已，資產配置完全不是這回事。基金業者會這樣鼓吹，無非是因為交易時收取的手續費，才是銷售機構獲利的來源。

　　波段操作固然也是投資的方式之一，但是如果無法穩健獲利，扣除費用後其實也所剩無幾。真正的投資就得像企業家一樣，看準一個有機會的產業，投入資金長期持有，靠著營運獲利。存股也是這樣的概念，看準有機會的個股，長期持有靠著配息獲利。然而存個股的風險不易掌握，要解決這一點，只需要將存股概念升級成「存股 2.0」，也就是長期持有 ETF，不再只是持有幾檔個股，而是一籃子的股票，就能適當分散個股的風險。

　　ETF 持有的一籃子股票已經是一個資產組合，當中就有配置的概念在內，可以説指數公司已經幫我們配置好了。然而，ETF 有非常多的類別，有股票型、債券型、房地產以及各種商品如黃金、

石油等。每一種 ETF 只在各自追蹤的市場權值股上配置，散戶若想同時持有不同類別的 ETF，就得自行配置了。

再強調一次，資產配置不談波段操作，而是以長期持有為基礎，專注在如何把不同資產組合在一起，獲得更穩健的投資報酬。

依據個人投資屬性，調整股債、現金比率

只要持有兩項以上的資產，就有如何配置的問題。即便只有持有 1 檔股票，也是有配置的問題，只是自己不自知而已。例如可投資的資金為 100 萬元，以每股 130 元買了 1 張元大台灣 50（0050），所以持有的資產為 13 萬元的 0050，以及現金 87 萬元。

因為 0050 淨值分分秒秒都在變動，一般投資者僅關心 0050 的表現，卻沒想到更應該關注的是包含現金在內的總資產表現。畢竟總資產為 100 萬元，0050 的部位僅占總資產的 13%，也就是 0050 的風險及報酬的貢獻度只有 13%，或者說曝險部位僅有 13%，對於總資產的影響並不大，這麼配置的優點是風險低，缺點就是賺得少。

資產配置就是站在總資產的角度，看個別資產組合後的結果，找出最佳配置方式。光是簡單的現金及 0050 組合，也會引申出一個問題，那就是投資者應投入多少比率的資金在風險性資產，才能最符合自己的投資屬性？這也是資產配置很重要的範疇。

如果資產沒有特別配置，會發生慘劇嗎？當然不會！該獲利的資產也是照常獲利，並不會因為沒有配置而改變；只不過，透過資產配置，可以在同樣風險的條件下讓投資報酬率變得更好，也就是讓資產翻倍的速度加快！或者也可以在獲得同樣獲利的條件下，承受較低的風險。直接來看例子，假設從 2018 年 7 月到 2021 年 7 月，投入同樣金額到以下不同配置方式，會發生以下結果：

A 組合》全部持有 0050

近 3 年來（2018 ～ 2021 年）0050 表現非常亮麗，累計報酬率為 90.6%，年化報酬率 24%。這是相當不錯的績效，同時也承擔相當的風險，波動風險為 18.9%。

B 組合》0050 占 13%，定存占 87%

按前文所述，若總資產僅持有 13% 的 0050，另外 87% 為定

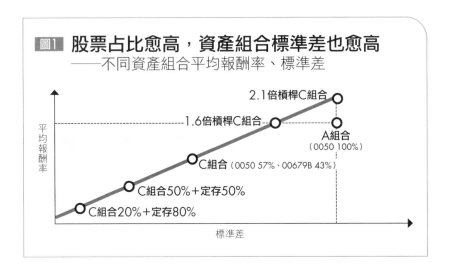

圖1 股票占比愈高，資產組合標準差也愈高
——不同資產組合平均報酬率、標準差

平均報酬率

2.1倍槓桿C組合

1.6倍槓桿C組合

A組合（0050 100%）

C組合（0050 57%、00679B 43%）

C組合50%＋定存50%

C組合20%＋定存80%

標準差

存，那麼近 3 年的累積報酬率也僅有 13.9%，年化報酬率僅剩 4.4%，但波動風險也非常低，只有 2.9%。

C 組合》0050 占 57%，00679B 占 43%

如果時光退回到 3 年前，同樣投入一樣的金額，只不過資金的 57% 分配給 0050，43% 分配至元大美債 20 年（00679B），表現會比單獨一檔 0050 更穩健（詳見圖 1）；我們把這樣的搭配稱為 C 組合，此組合的累積報酬率為 57.5%，年化報酬率 16.3%，波動風險為 10.2%。

圖2 **C組合報酬不如0050，但波動較平穩**
——不同投資組合之累積淨值走勢

—2.1 倍槓桿 C 組合
—1.6 倍槓桿 C 組合
—A 組合（0050 100%）
—C 組合（0050 57%、00679B 43%）
—C 組合 80% ＋定存 20%
—C 組合 50% ＋定存 50%

單位：萬元

可是，C 組合的報酬率明明比單獨投資 0050 還要低，為什麼要這樣搭配？這是因為 C 組合讓波動風險大幅降低了。圖 2 深藍色線是只持有 0050 的淨值走勢，而紅線是 C 組合的走勢，可以看到紅線雖然最後累積的淨值比較少，不過走勢平穩許多。

一個報酬率較高但波動風險也相對高，另一個報酬率較低但波

動風險也較低，嚴格來説無法比較好壞，只能取捨。

較積極的投資者，可能會為了較高報酬而願意承受較高的波動風險，而單獨持有 0050；較穩健的投資者，則寧可犧牲一些報酬率，以提高資產的穩定性，自然會覺得加入美債的 C 組合是更好的投資配置。

難道一定都得把錢放在股票 ETF 或債券 ETF 這種風險性資產嗎？能不能留一部分的錢放在無風險的銀行定存？當然可以，接下來會有一個重要章節（詳見 3-5）教你觀察，投入不同比率的資金於風險性資產，剩下放在無風險的銀行定存，其報酬率及波動風險會如何變化？只要透過調整資金投入比率，就可以改變整體資金的報酬率及波動風險。

風險性資產的投資比重愈低，波動風險當然會變小，報酬也會相對降低。反過來説，投資比重愈高，報酬率及波動風險也會愈高。若是利用財務槓桿讓風險性資產比重高過 100%，報酬率及波動風險也會等比率提升。

「槓桿倍數」就是持有的資產金額除上實際投入的本金。例如

持有 100 萬元的 A 資產，而投入的本金只有 50 萬元，那麼槓桿倍數就是 2 倍（= 100 萬元 /50 萬元）。如果投入的本金是 62 萬 5,000 元，那麼槓桿倍數就是 1.6 倍（= 100 萬元 /62 萬 5,000 元）。

投入本金的金額怎麼會少於持有資產金額呢？不足的部位就要靠舉債，或者是運用期貨完成，3-7 將有更完整的說明。但要特別注意的是，財務槓桿除了會放大投資報酬率，同時也會放大投資風險，使用時要特別小心。

全部投入 0050 以及不同比率的 C 組合，報酬率及標準差（即波動風險）如表 1 所示，可以看出全部 0050 及全部 C 組合的報酬率及波動風險都不一樣，所以無法比較優劣。

不過，全部 0050 跟財務槓桿 1.6 倍的 C 組合比較，累積報酬率幾乎一樣，都是 90.5%，可是 1.6 倍的 C 組合波動風險卻只有 15.0%，比全部 0050 的 18.9% 還要小；所以 C 組合可以調整出比全部 0050 還要好的配置。

另外，全部 0050 跟 2.1 倍槓桿 C 組合比較，兩組的波動

風險都約為 18%，可是 2.1 倍槓桿 C 組合的累積報酬率為
118%，比全部 0050 的 90.6% 還要高；同樣的結論，用 C 組
合（加上財務槓桿）可以調整出比全部 0050 還要好的配置。表
1 上的所有組合的走勢如圖 2 所示，讀者可以感受一下報酬率與
波動風險的意義。

資產配置就是如何找到最佳效率組合，以及總資金該投資多少
比率至最佳效率組合，或者是利用財務槓桿，放大最佳效率組合
的報酬率，達到設定的目標。

投資人應關心總資產淨值，而非個別 ETF 的漲跌

再次強調，只要擁有資產的數量超過一種，就有資產配置的需
求。資產配置能幫助我們使用科學的方式找出總資產最有效的獲
利，也就是在承擔一定風險情況下，獲得最佳報酬。

過去在沒有運用資產配置觀念的情況下，即便同時持有許多檔
資產，在檢視績效時，通常是個別觀察每一種資產，從中汰弱留
強。未來若運用資產配置觀念來投資，就不能將個別資產的績效
分開來看，必須從整體資產角度來檢視。就好似我們將資金投入

表1 **C組合的波動風險10.2%，較僅持有0050低**
——不同資產組合報酬率、波動風險

資產組合	累積報酬率（%）	年化報酬率（%）	波動風險（%）
A組合（0050 100%）	90.60	24.00	18.90
C組合（0050 57%、00679B 43%）	57.50	16.30	**10.20**
C組合80%＋定存20%	46.50	13.60	8.40
C組合50%＋定存50%	29.90	9.10	5.60
2.1倍槓桿C組合	118.00	29.70	18.60
1.6倍槓桿C組合	90.50	24.00	15.00

註：資料日期為 2018.07 ～ 2021.07

一檔擁有一籃子股票或債券的 ETF 時，並不會在意籃子當中每一檔成分股賺或賠，只會關心 ETF 淨值漲或跌。

相同的道理，挑選出適當的資產開始進行配置之後，必須將自己看成一檔傘型 ETF 的經理人，手中同時持有多檔的 ETF；該關心的是總資產淨值，而不是個別 ETF 的上漲或下跌，這是投資者心態要改變的地方。

畢竟資產配置的目的之一是要減少波動，要達到這目的就得配

置互補的資產；也就是當一檔 ETF 大漲時，很可能另一檔 ETF 會大跌，而這本來就在預期之內。因此當整體資產持續表現欠佳時，要關心的是配置是否需要調整，而不是換掉表現不好的 ETF。

3-2 投資如同派選手出賽 實力與穩定度都要評估

　　想靠投資獲得報酬，就得承擔相當的風險。投資鐵律就是「高風險高報酬，低風險低報酬」，不想承受風險卻想獲得報酬的投資是不存在的。

　　投資者最害怕資產淨值下跌造成虧損，下跌原因可能是公司經營不善、債券還不出本金或利息，或是政治、經濟、利率等因素造成市場劇烈震盪……這些因素都會造成資產淨值的波動風險。

　　當我們以 ETF 或指數型基金被動投資整個市場時，雖然不需要擔心單一公司倒閉導致個別股票或債券血本無歸，但需要理解這一籃子標的仍會產生波動風險。

　　投資不能只關心報酬就好嗎？只要確定能創造報酬，為什麼還

要在乎波動風險？這就是散戶投資容易失敗的原因之一，很多人不是買錯標的，而是沒有考慮到自己承受波動的能力，明明選對了長期趨勢向上的股票或 ETF，卻撐不過短期震盪而功虧一簣。

要解決這一點，得了解自己究竟能承受何種程度的波動風險，且盡可能在報酬與風險中取得平衡，要怎麼做？只要透過「資產配置」這個科學的方法，找到最有效率的資產組合，就能夠讓我們在可承擔的風險範圍內，盡可能獲得最高的報酬。

掌握 3 重點，做出正確資產配置

那麼，該怎麼做出正確的資產配置？我認為必須掌握以下 3 個重點：

1.**學會量化資產的「報酬」與「風險」**：可以讓我們只看數字，就能評估這項資產可以帶來多少報酬？價格會產生多大的波動？

2.**找出適合搭配的資產**：了解不同資產的報酬與風險之後，我們就可以輕鬆分析、比較，進而找出什麼類型的資產適合組合在一起。

3. **決定資金配置比重：** 根據自己的風險承受度，決定個別資產的最佳資金配置比重，建構出最適合自己的投資組合。

用「平均報酬率」評估資產的實力

提到「報酬」或是「獲利」，一般人想的就是賺了多少錢；但是光有這個數字還不夠，還必須考慮到你投入了多少本金。

例如持有兩項資產，各自賺到了 10 萬元，前者是用 100 萬元本金賺來，後者則是用 1,000 萬元本金賺來的。前者用比較少的本金賺到跟後者一樣的獲利，代表它的投資報酬率比較好。所以要評估報酬的高低，必須以投資報酬率評定，並非只憑獲利金額做比較。

講到投資報酬率，還得分辨是「平均報酬率」、「累積報酬率」或「年化報酬率」？雖然報酬率同樣都是指獲利占本金的比重，但每一項的意義與用途都不同，必須弄得清楚才行。

不管是哪一種投資報酬率，計算方式就是獲利的金額除上投入的本金。例如投入 10 萬元於 1 檔 ETF，期末淨值 12 萬元，等

於獲利 2 萬元，投資報酬率就是 20%；如果投入 100 萬元並獲利 100 萬元，投資報酬率就是 100%。公式如下：

投資報酬率＝（期末淨值－投入本金）／投入本金
＝期末淨值／投入本金－ 1

投資報酬率又是「成長率」的概念，這也是為什麼投資報酬率那麼重要，因為投資報酬率就是資金的成長率。以下先簡單了解 3 種投資報酬率的意義：

1. 累積報酬率

評估報酬率時，還必須考慮這筆報酬是投資多久獲得的？例如投資 1 檔 ETF 得到 20% 報酬率，是投資了 3 個月、1 年或是 5 年呢？若沒有特別指明，一般就是指「累積報酬率」。

2. 年化報酬率

不同持有期間的報酬率是無法放在一起比較的，得將累積報酬率換算成「年化報酬率」，相當於 1 年獲得多少報酬率。但這並不是直接用算術平均計算（假設投資 3 年累積報酬率 90%，算術平均就是直接除以 3 得到 30%，但這是錯誤的算法），因為

資金是以複利成長，每年的獲利都要滾入本金繼續投資，所以正確的年化報酬率必須用下列公式計算：

年化報酬率＝（1＋累積報酬率）^（1／年數）－ 1

例如元大台灣 50（0050）這檔 ETF，3 年含息累積報酬率 90.6%，年化報酬率就是 24%（＝（1＋90.6%）^（1/3）－ 1）；意思是，若每一年的報酬率都是 24%，用每年獲利再投資的複利方式投資 3 年，累積報酬率會等於 90.6%。

3. 平均報酬率

平均報酬率是用算術平均計算出來的，但它的用途不像累積報酬率與年化報酬率是描述過去績效，平均報酬率是為了用來評估某項資產的獲利實力，也是在決定將某項資產放入投資組合前的重要依據，稍後會進一步介紹平均報酬率的實際使用方法。

為什麼評估資產之前，要先知道它獲利實力？舉個例子，假設有一項資產，過去 1 年的累積報酬率是 12%，那麼未來每年都會有 12% 嗎？當然不可能，這 12% 只是過去的紀錄而已。如果真的保證每年都能有 12% 報酬率，那就是個完美的投資標的，

根本不會有虧損機會，借錢來投資都值得，可惜世界上沒有這種好事。

既然不可能每年都維持一樣的報酬率，那麼也希望不要相差太遠。就好似要評估一位 400 米賽跑選手未來的出賽表現，不能只根據他上一次的成績來評定，得根據過去一段時間的紀錄，判斷他具備跑多少秒的實力，再跟其他選手的成績比較。

好比說，現在有兩位 400 米賽跑選手，根據他們最近 30 次的出賽成績，可以看到最佳成績是 B 選手跑出的 50.64 秒，但是，最慢成績也是 B 選手的 59.48 秒，要如何評定選手未來的出賽表現？

最好的方式就是根據選手的過去紀錄，計算出「平均值」，這個平均值就代表他的實力；平均秒數愈低，代表實力愈強。過去 30 次的平均值，A 選手 53.75 秒，B 選手 53.09 秒，B 選手的實力明顯比較強（詳見表 1）。

然而只知道獲利實力還不夠，我們還要預測，B 選手下次出賽是不是也能表現這麼好？這就得觀察穩定度了，要看他每次跑出

表1 B選手實力較強，但穩定度低
——A、B選手賽前30次成績總覽

	A選手	B選手
最佳秒數	50.68	50.64
最差秒數	56.47	59.48
平均秒數	53.75	53.09
標準差（秒數）	1.11	2.36

來的成績是否接近？要是每次成績的高低落差太大，代表穩定度低；落差小，則穩定度高。

評估穩定度的指標是「標準差」，也就是每次成績偏離過去平均值的程度；偏離程度愈大，代表不確定性愈高，也可以看成是這位選手出賽時是否能發揮實力（平均值）的風險程度。一個運動員若是過去紀錄的平均值偏高但穩定度低，就很難預測他下次出賽會有好的表現，派他出賽就得承擔較高的風險。

從圖 1 即可清楚看出，A 選手的平均秒數較高，實力較差，但是每次成績都在平均值附近，穩定度較好；而 B 選手平均秒數較低，實力較強，但是每次出賽的秒數偏離平均值較大，也就是穩

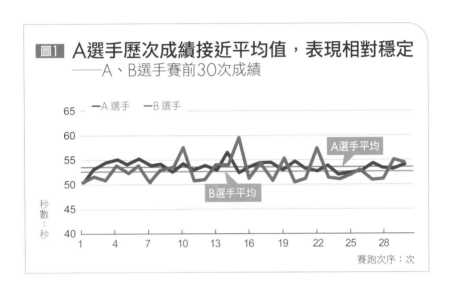

圖1 A選手歷次成績接近平均值，表現相對穩定
——A、B選手賽前30次成績

定度較差。

　　挑選 A、B 選手會讓教練頭痛，A 選手實力差一些，但能維持穩定的表現；B 選手實力較強，但下次出賽卻可能暴走。如果打算賭一把奪牌，B 選手較有機會；如果只求穩定表現，當然就選A 選手了。

　　所以在衡量某項資產是否適合放入投資組合時，就要從過去紀錄找到「平均報酬率」，以了解這項資產的獲利實力，同時也不

能忽略穩定度的重要性。投資者當然希望每月或每年的報酬率都很接近,如果每年高低落差大、獲利穩定度低,代表未來獲利難以預料,投資者必須承擔相當大的風險。

學會計算平均報酬率、標準差
正確評估資產獲利能力

3-3

　　我們已經知道，要評估一項資產的獲利實力，可以參考過去的「平均報酬率」（詳見延伸學習❶）；穩定度則可以使用「標準差」，以了解這項資產報酬率偏離獲利實力的程度。

3 步驟計算 ETF 年平均報酬率、年標準差

　　現在我們直接來看看，假設要投資元大台灣 50（0050）這檔 ETF，要怎麼知道它的平均報酬率和標準差是多少？只要有過去一段時間的配息還原股價紀錄，就能輕易獲得這兩項數據，步驟如下：

步驟 1》計算「月平均報酬率」

　　通常投資報酬率都是以 1 年為標準，所有 ETF 的公開資訊也都

使用年平均報酬率及年標準差標示。不過，若是以年度數據取樣，3 年只有 3 個樣本數，求得的平均值及標準差會誤差太大；因此，比較好的做法，是先找出月平均報酬率及月標準差，再換算成年平均及年標準差。

我們可以取過去 3 年共 36 個月的月報酬率，就好似取得 400 米運動員賽前跑 36 次的紀錄一樣。樣本數愈多，平均值及標準差當然愈準確；但是樣本數愈多，採樣的時間就得愈久，而用愈久之前的報酬率來評估又愈不準確，所以折衷方式是以 3 年的樣本數，這也是基金及 ETF 資訊網站如晨星（Morningstar）所使用的期間。

圖 1 是 0050 自 2018 年 7 月～ 2021 年 6 月的配息還原股價走勢圖，將時間軸切成 36 個月，圖上的小圓點是每月初還原股息的收盤價。以每月同一天為準，就能得到每個月的投資報酬率樣本，例如 2018 年 7 月初為 72.56 元，8 月初為 77.77 元，那麼 7 月的月報酬率就是 7.18%（＝ 77.77 元 /72.56 元－1），依此類推，一共可得到 36 筆樣本數。

表 1 列出 0050 自 2018 年 7 月～ 2021 年 6 月的月報酬率，

圖1 用每月的配息還原股價，可算出月報酬率
——元大台灣50（0050）配息還原股價走勢圖

2018年7月初配息還原股價為72.56元，8月初為77.77元，因此7月的月報酬率為7.18%

單位：元

註：資料日期為 2018.07.02 ～ 2021.06.02
資料來源：Yahoo Finance

可以看出每月報酬率都不一樣，有時正，有時負，看不出個所以然。但只要將這 36 筆月報酬率以算術平均計算，立即能知道 0050 在過去 36 個月的月平均報酬率為 1.954%，代表 0050 有這樣的獲利實力，也可以視為 0050 每月報酬率的期望值。

步驟 2》用 Excel 函數算出「月標準差」

　　算出 0050 有月平均報酬率 1.954% 的獲利實力，我們還想知道穩定度如何，最好每個月的報酬率都可以離平均報酬率不遠；此時就要觀察「標準差」，數字愈小，代表偏離平均報酬率的程

表1 每月月報酬率的平均值即為月平均報酬率
——元大台灣50（0050）每月報酬率

月份	報酬率（%）	月份	報酬率（%）	月份	報酬率（%）
2018.07	7.18	2019.07	0.42	2020.07	13.51
2018.08	0.35	2019.08	-0.49	2020.08	1.32
2018.09	1.04	2019.09	4.95	2020.09	-0.29
2018.10	-10.25	2019.10	4.83	2020.10	0.34
2018.11	0.51	2019.11	2.16	2020.11	10.54
2018.12	-6.03	2019.12	6.08	2020.12	8.79
2019.01	4.74	2020.01	-5.77	2021.01	7.53
2019.02	2.40	2020.02	-1.91	2021.02	2.07
2019.03	3.77	2020.03	-13.11	2021.03	1.72
2019.04	3.94	2020.04	9.35	2021.04	1.84
2019.05	-5.36	2020.05	2.29	2021.05	-0.40
2019.06	5.22	2020.06	6.60	2021.06	0.44
36個月的月報酬率平均值（%）				1.954	

註：資料日期為 2018.07～2021.06。因本表報酬率僅取自小數點後 2 位，若直接使用表中數據計算平均報酬率，可能會與本表採原始數據的計算結果「1.954%」有微小差異
資料來源：Yahoo Finance

度愈小，獲利愈穩定。

標準差的計算看起來很複雜，但投資者不需要自行計算（如有興趣了解，詳見延伸學習❷），通常都是電腦直接計算好結果，

投資者只要知道如何判讀即可。

　若還是想自己驗證，Excel 提供了平均報酬率及標準差的函數，非常方便計算。只要直接代入每月的報酬率，就會傳回平均值或標準差。函數使用方式如下：

平均報酬率＝ AVERAGE（月報酬率 1, 月報酬率 2, …）
標準差＝ STDEV.S（月報酬率 1, 月報酬率 2, …）

　用上述公式將過去 36 個月的月報酬率數值全部代入，就能得到月平均報酬率為 1.954%，標準差 5.47%。有了這組數字，不僅能知道這檔 ETF 的每月期望報酬率，也能知道月報酬率偏移平均值的程度。

步驟 3》將月數據換算成年數據

　接下來就要把月報酬率與月標準差，換算成年度數據，換算公式如下：

月平均報酬率 ×12 ＝年平均報酬率
月標準差 × $\sqrt{12}$ ＝月標準差 ×12^(1/2) ＝年標準差

將上述 0050 的數據換算過後，就能得到年度數據為：

月平均報酬率 1.954% × 12 ＝年平均報酬率 23.4%
年標準差＝月標準差 5.47% × $\sqrt{12}$ ＝ 5.47% × 12^(1/2)
　　　　＝ 18.9%

用年平均數值，預估未來 1 年報酬率區間

知道了年平均報酬率及年標準差，接下來就要懂得如何正確解讀這些資訊；雖然這些是過去的資訊，但我們仍可藉此判斷 0050 未來 1 年報酬率的可能落點。假設 0050 的投資報酬率機率是呈現常態分布（詳見圖 2），那麼根據統計學的原理，0050 未來的報酬率落點可能如下：

◎年報酬率落在平均值正負 1 個標準差之間的機率是 68%。
◎年報酬率落在平均值正負 2 個標準差之間的機率是 95%。
◎年報酬率落在平均值正負 3 個標準差之間的機率是 99.7%。

以 0050 為例，過去 3 年的年平均報酬率 23.4%，標準差 18.9%，那麼正 1 個標準差就是平均值加上標準差乘 1，也就

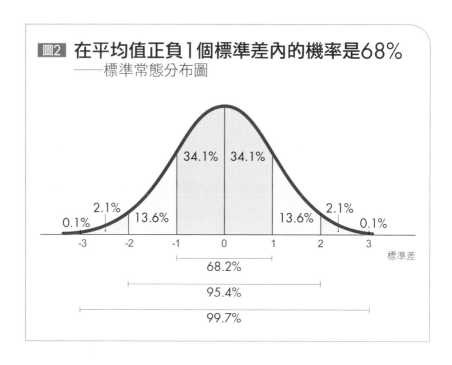

圖2 在平均值正負1個標準差內的機率是68%
——標準常態分布圖

是「＝23.4％＋18.9％×1＝42.3％」。而負1個標準差就是平均值減掉標準差乘1，也就是「＝23.4％－18.9％×1＝4.5％」。2個標準差就是將乘數改成2，依此類推。因此，假若0050未來的平均報酬率及標準差，與過去3年有相同水準的表現，即便無法明確預測它未來1年到底能創造多少報酬率，我們卻可以估計它未來1年報酬率的可能區間如下（詳見表2）：

表2 **0050報酬率有68%機率為4.5%～42.3%**
——元大台灣50（0050）未來1年預估報酬率區間

標準差	出現機率（%）	未來1年預估報酬率（%）	最低可能落點計算	最高可能落點計算
1個標準差	68.0	4.5～42.3	=23.4%-18.9%×1	=23.4%+18.9%×1
2個標準差	95.0	-14.4～61.2	=23.4%-18.9%×2	=23.4%+18.9%×2
3個標準差	99.7	-33.3～80.1	=23.4%-18.9%×3	=23.4%+18.9%×3

◎有 68% 的機率：落在 4.5% ～ 42.3% 之間。

◎有 95% 的機率：落在 -14.4% ～ 61.2% 之間。

◎有 99.7% 的機率：落在 -33.3% ～ 80.1% 之間。

　　每一檔個別資產如果長期持有，投資報酬率一般來説會呈現常態分布，不過也有某些學者並不支持這論點。先不論個別資產（如個股、債券或商品）的報酬率是否常態分布，但 ETF 的報酬率就一定是常態分布。因為股票型 ETF 持有許多檔個股，債券型 ETF 持有多檔個別債券，根據統計學的中央極限定理，隨機變數相加後，機率分布一定趨近於常態分布。

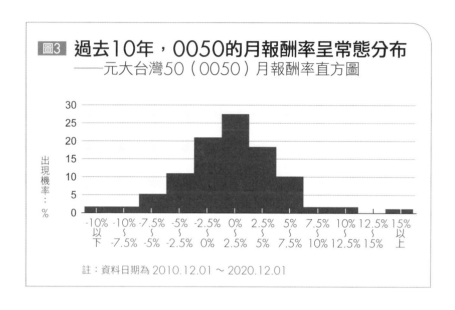

圖3 過去10年，0050的月報酬率呈常態分布
——元大台灣50（0050）月報酬率直方圖

出現機率：%

-10%
以
下

-10%
～
-7.5%

-7.5%
～
-5%

-5%
～
-2.5%

-2.5%
～
0%

0%
～
2.5%

2.5%
～
5%

5%
～
7.5%

7.5%
～
10%

10%
～
12.5%

12.5%
～
15%

15%
以
上

註：資料日期為 2010.12.01 ～ 2020.12.01

　　我們將 0050 於 2010 年 12 月 1 日～ 2020 年 12 月 1 日
這 10 年期間，每個月的報酬率出現機率畫成直方圖（次數分
配），確實呈現常態分布曲線（詳見圖 3）。

將投資組合調整為相同標準差，即可比較平均報酬率

　　了解平均報酬率及標準差的意義之後，我們就能實際應用在投
資上了。只要知道各項資產的這組數據是多少，就能來評定投資

表3 **A資產平均報酬率與標準差皆較B資產高**
——A、B資產的平均報酬率、標準差、夏普比率

資產別	平均報酬率	標準差	夏普比率
A資產	12.00%	20.00%	0.56
B資產	8.00%	8.00%	0.90

哪一項資產比較有利。

假設 A、B 兩項資產，A 資產的平均年報酬率為 12%，B 資產為 8%（詳見表 3）。如果只考慮平均報酬率，我想沒有人會選擇較低的 B 資產，但如果將標準差也一併考慮進來時，評估的方式就不再是平均報酬率愈高愈好。那麼，當 A 資產的標準差為 20%，B 資產的標準差為 8%，要如何評估呢？

先說明評估兩項資產好壞的原則：

1. 若是平均報酬率一樣，那麼標準差愈低的愈好，因為標準差愈低，風險愈小。
2. 若是標準差一樣，那麼平均報酬率愈高的愈好。

　　當兩項資產平均報酬率及標準差都不一樣，是無法直接比較的，但是我們可以加入無風險的定存，組成新的投資組合；由於組合後的平均報酬率及標準差會隨著定存資金比重增加而減少，因此只要將標準差調整成相同的數字，就可以比較哪一項資產的平均報酬率比較高了。

　　在 A 資產與 B 資產的平均報酬率與標準差都不同的情況下，要比較兩者的優劣可以這麼做：

1. 將 A 資產加上定存，組成新的投資組合

　　◎A 資產：平均報酬率 12%、標準差 20%。
　　◎定存：平均報酬率 0.8%、標準差 0%。

　　把「A 資產＋定存」不同資金比重的組合表現畫出來，可以連成一條斜線，即圖 4 中的藍線，每一點都代表不同資金比重的平均報酬率及標準差。

　　藍線中每一個點的平均報酬率一定在 0.8%～12%，例如平均報酬率 0.8% 那個點，代表這個組合全部是定存；而平均報酬率 12% 那個點，代表該組合全部都是 A 資產。若資金各半，其中

一半是定存，一半是具有風險性的 A 資產，那麼這個組合的平均報酬率，就是兩者的加權平均 6.4%（＝定存平均報酬率 0.8%×定存權重 0.5 ＋ A 資產平均報酬率 12%×A 資產權重 0.5）。

同樣地，藍線每一點的標準差，一定是 0% ～ 20% 之間。也因為定存的標準差為 0%，所以組合後的標準差，就會是 A 資產的標準差乘上 A 資產所占權重。

當 A 資產權重為 0% 時，整組資產都是定存，標準差也是 0%；當 A 資產權重為 100% 時，整組都是 A 資產，標準差就是 20%；當一半定存、一半 A 資產時，組合後標準差就是 10%，也就是 A 資產標準差的一半。

2. 將「A 資產＋定存」標準差調整為與 B 資產相同的 8%

A 資產因為要跟 B 資產比較，必須將標準差或平均報酬率調整成一樣才行。現在我們因為加入了定存，就能在這條藍色線條中，調整出標準差跟 B 資產一樣 8% 的投資組合（圖 4 中紅色圓圈處），用這一點比較平均報酬率，就可分出勝負。

由於 A 資產的標準差為 20%，若加入定存的投資組合要將標

準差調整到8%，那麼A資產的部位只能占40%（＝8%／20%），定存部位則會占60%

3. 計算新組合的平均報酬率，即可與 B 資產分出高下

「A 資產 40％＋定存 60％」這個投資組合，按權重計算後，平均報酬率只有 5.3％（＝定存平均報酬率 0.8％×定存權重 0.6＋A 資產平均報酬率 12％×A 資產權重 0.4）。由於 B 資產的標準差為 8％ 時，平均報酬率可以達到 8％，可見 B 資產優於「A 資產＋定存」組合。

B 資產也可以跟定存搭配，獲得的組合就是圖 4 中的紅線，標準差則一定會在 0％ ～ 8％ 之間，平均報酬率則會在 0.8％ ～ 8％ 之間。從圖中可以看出，標準差小於 8％ 時的「B 資產＋定存」這條紅線，上面的每一個點，平均報酬率都比藍色組合還要高。

簡單說，圖中的斜線愈陡峭，代表在相同標準差的情況下，可以獲得的平均報酬率愈高，而這斜線陡峭程度又稱為斜率，也就是所謂的夏普比率，夏普比率公式如下：

夏普比率＝（平均報酬率－定存年利率）／標準差

192

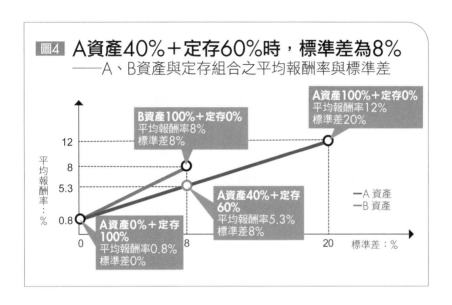

圖4 **A資產40%＋定存60%時，標準差為8%**
——A、B資產與定存組合之平均報酬率與標準差

結論，要比較兩組資產的優劣時，主要就是比較夏普比率的高低；因為夏普比率較高的資產在圖上的斜率愈大，代表在同一標準差條件下，可以獲得更高的平均報酬率。

延伸學習❶ 平均報酬率、累積報酬率與年化報酬率

平均報酬率、累積報酬率與年化報酬率,這 3 種報酬率的意義都不一樣。累積報酬率及年化報酬率用於計算歷史績效,而平均報酬率則是用於評估獲利的實力。

例如 0050 從 2018 年 7 月 2 日至 2021 年 7 月 15 日這 3 年,調整後收盤價(Adj Close)從每股 72.56 元一路漲到了 138.3 元,累積報酬率為 90.6%,年化報酬率 24%。

累積報酬率為投資期間的總報酬,可轉化為年化報酬率

累積報酬率 90.6% 是在這期間獲得的總報酬,為了要跟其他資產比較方便,就得轉成年化報酬率,其意義相當於每一年的報酬率,以複利方式成長 3 年後,可以獲得 90.6% 的累積報酬。將 90.6% 累積報酬率按公式換算,可得到年化報酬率為 24.0%(=(1 + 90.6%)^(1/3)- 1)。所以年化報酬率,是以累積報酬率反推回去的每年報酬率。

平均報酬率需與標準差一起對照

平均報酬率(或期望報酬率)並不是過去的績效,而是從過去 36 個月的狀況,評估每年具有多少報酬率的實力。因為報酬率每月都不一樣,平均起來就是報酬率落點的中心點,而標準差就是偏離平均值(中心點)的可能誤差,也可以解釋成未來報酬率落點是否穩定。平均報酬率跟標準差是成雙成對缺一不可,唯有兩個放在一起才能評估資產未來的獲利機會。

延伸學習❷　用平均報酬率計算標準差

統計學計算標準差的方式，是先求變異數（variance），再將變異數開平方，就是標準差。

會這麼麻煩的原因，主要是每一樣本的偏離度計算方式是將每月報酬率減掉平均值，比平均值高者得到正值，比平均值低者得到負值。然而，不論比平均值高或低都應該算是偏離。若是將每一個偏離加總起來，正負就會相互抵消掉，無法算出正確結果。

所以，只要先將偏離數值平方後，就能將負偏離也變成正值，此時就能順利算出偏離程度。由於平方後的偏離程度稱為變異數，再開平方後就稱為標準差。

下圖是將 3-3 表 1 的 0050 月報酬率以長條圖表示，橘線是平均報酬率 1.954%。每月的報酬率減掉平均月報酬率的平方，就是當月的變異數；再將每一個月的變異相加，就是 36 個月的總變異數；再除上月數減 1 就能得到「變異數」，最後將變異數開平方即為標準差。公式如下：

變異數＝〔（第 1 月報酬率－平均報酬率）^{2}＋（第 2 月報酬率－平均報酬率）^{2}＋……＋（第 N 月報酬率－平均報酬率）^{2}〕／（月數－1）

標準差＝$\sqrt{變異數}$

0050 每月平均報酬率與偏移程度

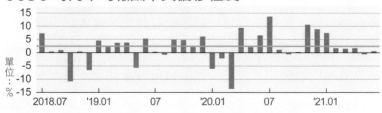

註：資料日期為 2018.07 ～ 2021.06　　資料來源：Yahoo Finance

搭配負相關性資產
3-4 建造堅韌的投資組合

實際投資的時候，通常不會只投資一項風險性資產，經常會同時持有 2 個或多個風險性資產，我們也可以了解，2 項以上風險性資產搭配在一起會出現什麼樣的火花？是不是可以表現得更優秀？簡單說，我們要了解它們搭配在一起之後，是否會出現夏普比率更高的組合，這才是研究資產配置的最終目的。

仿效鋼筋混凝土，找出能互補的投資商品

再特別説明，資產配置或組合不是談什麼時候該買入哪一類別的資產，或者是賣出什麼樣的資產，而是專注在長期持有一組資產。只要平均報酬率是正值，長期趨勢就會往上；標準差愈小，淨值波動風險就愈小且愈穩定，不會有太大風險。**資產配置重點是搭配，而不是交易。**

就好似鋼筋混凝土一樣，混凝土是可以承受非常大壓力的建材，但是一點彈性都沒有，稍微一折就斷了。而鋼筋是非常有彈性的建材，但是不耐壓，壓了就彎掉了。然而這兩種建材相互搭配起來，不只耐壓度高，而且非常有彈性，不容易折斷。相信讀者應該有過在鋼筋混凝土搭建的橋上，感受到當大貨車經過時，橋面上下大力搖晃的經驗；若沒有使用鋼筋，光靠混凝土不可能建成一座穩固又具有彈性的橋梁。

資產配置也是相同道理，要找尋能夠互補的投資商品，只不過我們的做法是將這些商品組合起來，不需要任何操作，就可以獲得更低的風險，產出更高的投資報酬率，這才是資產配置的精髓。

理想的投資組合，要能比單獨持有個別資產的表現更佳，白話說就是要能「互補」，用專業術語就是要有「負相關」。根據資產組合理論，不同資產組合起來後，平均報酬率就是個別資產平均報酬率的加權平均；但組合後的波動度（標準差）卻會低於個別資產標準差的加權平均，而且愈是負相關，標準差就會愈小。

統計學的「相關係數」，可以用來表達兩項資產間的關聯程度，相關係數為 -1 ～ 1 的小數點，-1 為絕對負相關，0 為零相關，1

為絕對正相關。

1. **絕對負相關（相關係數-1）**：當兩項資產呈現絕對負相關，它們各自的平均報酬率會是這樣的，當一項資產的報酬率高於 5%，另一項資產的報酬率一定低於 5%。

2. **零相關（相關係數０）**：一項資產的平均報酬率高於 5%，另一項資產因為沒有關聯，所以報酬率有時候會高於 5%，有時候會低於 5%，至於高多少或低多少也不一定。

3. **絕對正相關（相關係數１）**：絕對正相關是當一項資產報酬率高於 5%，另一項資產的報酬率也一定高於 5%。

相關係數不會影響兩項資產在組合之後的平均報酬率，不管個別資產的平均報酬率是多少，組合之後，就只會是個別資產平均報酬率的加權平均值。

資產彼此相關性愈低，組隊後表現將愈穩定

然而相關係數卻會影響到投資組合的標準差（詳見延伸學習）。

當兩項資產是絕對正相關（相關係數 1），組合後的標準差也會是個別資產標準差的加權平均值；但是負相關時，組合後的標準差肯定不會超過個別資產標準差的加權平均值。至於兩項資產為絕對負相關時（相關係數 -1），組合後的標準差就有可能互相抵消變成 0，也就是組成零風險資產，但是別找了，這樣的組合不存在。

例如 A、B 資產，平均報酬率都是 10%，標準差也都是 15%，權重各占一半；表 1 列出當 A、B 資產為不同相關係數時，所形成的加權平均報酬率與標準差。

可以看出，A、B 資產各占一半的投資組合，不管兩資產的相關係數是多少，加權平均報酬率始終維持 10%。而標準差卻會因為相關係數而有不同，相關係數愈低，則標準差愈低；相關係數為 -1 時，標準差最低會變成完美的 0%（再強調一次，這是理論，實務上並不存在）。

這代表資產組合後，不管相關係數多少，都不會影響加權平均報酬率；然而相關係數愈低，可以讓標準差降得愈低，能創造出愈穩定的投資組合。

從超商設點位置，理解資產組合標準差下降原因

　　資產配置竟然不用任何高明操作，只是選擇相關係數低的資產組合在一起，就能減低風險。資產組合後的標準差（不確定性）為何會減少呢？用大家都知道的超商茶葉蛋的銷售數量來解釋更容易懂。

　　一家超商的茶葉蛋每日銷售數量都會不一樣，用專業術語來說就是隨機；但是我們可以從過去每日的銷售數字，求得平均值以及標準差，也就是每日銷售量的期望值以及變動程度。

　　如果一家超商的平均每日茶葉蛋銷售數量為 400 顆，標準差為 50 顆；另一家超商平均每日銷售數量為 300 顆，標準差為 25 顆。如果有一位老闆同時擁有這兩家超商，這兩家加總數量的平均值，就是個別平均值的相加，亦即 700 顆。但是，標準差就不是兩家店的數字相加了，就得看兩家超商銷售數量是否有關聯性。

　　如果兩家超商間隔相當遙遠，也代表相互沒有關聯性，相關係數就是 0，這時候兩家加總的標準差會小於 75 顆，用標

表1 相關係數為-1時，投資組合的標準差最低
——A、B資產不同相關係數組合後平均報酬率與標準差

A、B資產相關係數	A資產50%＋B資產50%	
	平均報酬率（％）	標準差（％）
1.0	10.0	15.0
0.8	10.0	14.2
0.6	10.0	13.4
0.4	10.0	12.5
0.2	10.0	11.6
0.0	10.0	10.6
-0.2	10.0	9.5
-0.4	10.0	8.2
-0.6	10.0	6.7
-0.8	10.0	4.7
-1.0	10.0	0.0

註：假設 A、B 資產平均報酬率都是 10%，標準差也都是 15%

準差的公式計算，只剩 56 顆（=SQRT（50^2+25^2），w1=w2=1、$\sigma 1$=50、$\sigma 2$=25、ρ=0）。

如果兩家超商剛好相鄰，顯然銷售數量具有關聯性，若關聯係數為 0.8，那麼兩家加總標準差會是 72 顆（=SQRT

（50^2+25^2+2*0.8*50*25））。

　如果一家超商坐落於辦公區，另一家超商坐落於觀光區，那麼兩家茶葉蛋的銷售數量會呈現負相關，平日辦公區的銷售量會高於平均，而觀光區會低於平均。反過來也是一樣，假日時觀光區銷售數量高於平均值，辦公地區反而低於平均值。那麼總和兩家的標準差數量會比 0 相關的還要少，若相關係數是 -0.4，標準差只剩 46 顆（=SQRT（50^2+25^2+2* － 0.4*50*25））。這一組超商加總後的標準差最低，也就能為老闆帶來最穩定的經營成果。

　用公式可以計算出上述的結果，然而道理是什麼？用最簡單的相關係數為 0 來說明，兩家超商相互沒有關聯，每一日的銷售數量不是比平均值多，就是比平均值少。就是因為兩家互不相關，所以有一半的機率一家比平均值多，另一家比平均值少，當天總和就會更接近平均值，所以變動就會比較小，更接近平均值。

　而正相關係數就是兩家銷售數量具有關聯性，當一家多於平均值時，另一家有很大機會也會大於平均值。負相關係數剛好相反，當一家多於平均值時，另一家有很大機會會小於平均值。

投資也是一樣道理，只是投資者關心的不是銷售數量，而是投資報酬率。當我們對資產的相關性有了基本的了解，就能開始實際應用到投資的資產配置上。

延伸學習　計算資產組合的平均報酬率與標準差

兩項資產的平均報酬率分別為 R1 及 R2，標準差為 $\sigma 1$ 及 $\sigma 2$，資產間的相關係數為 ρ，資金分配權重分別為 w1 及 w2，那麼組合後的平均報酬率及標準差公式為：

組合後的平均報酬率 R = w1*R1 + w2*R2
組合後的標準差 $\sigma = \sqrt{(w_1\sigma_1)^2 + (w_2\sigma_2)^2 + 2\rho w_1\sigma_1 w_2\sigma_2}$

從公式可以清楚看出，平均報酬率跟相關係數無關；兩項資產組合之後的平均報酬率，就是個別資產平均報酬率的加權平均。

而標準差就有意思了，跟相關係數 ρ 有相當大關聯。當相關係數為正 1 時，組合後標準差是個別標準差的加權平均（$w_1*\sigma_1 + w_2*\sigma_2$）。當相關係數為負 1 時，組合後標準差是個別標準差的加權相減（$w_1*\sigma_1 - w_2*\sigma_2$），只要 $w_1*\sigma_1$ 等於 $w_2*\sigma_2$，組合之後的標準差會等於 0。相關係數為負 1 至正 1 之間小數，組合後標準差最小是 0，最大不會超過個別標準差的加權平均。

203

3-5 將股債組合加入定存 找到獲利常勝軍

　　資產配置的目的是為了降低資產的波動，因此如果兩項資產的月報酬率具有正相關，搭配起來就難有降低波動、提高穩定度的效果。

　　來看看台灣老牌的兩大人氣 ETF——元大台灣 50（0050）及元大高股息（0056），雖然成分股內容很不一樣，不過同樣都投資於台股，這兩檔搭配起來會有什麼效果？

　　把過去 3 年這兩檔 ETF 的月報酬率畫出來（詳見圖 1），可以看到當一檔出現正報酬時，另一檔也有很大機會呈現正報酬，而且上漲比率相近；反之也是如此。

　　再看兩檔 ETF 月報酬率相互間的關聯，x 軸是元大台灣 50 的

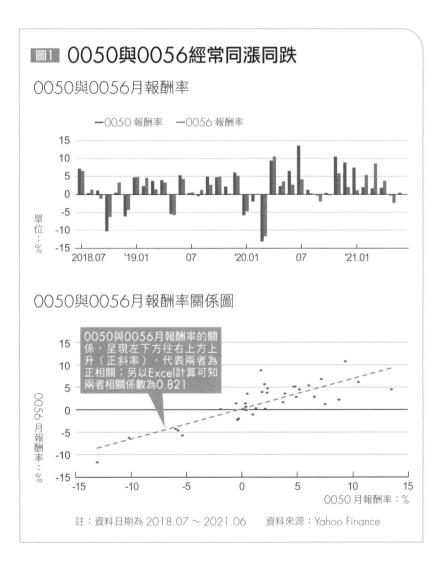

圖1　0050與0056經常同漲同跌

0050與0056月報酬率

0050與0056月報酬率關係圖

0050與0056月報酬率的關係，呈現左下方往右上方上升（正斜率），代表兩者為正相關；另以Excel計算可知兩者相關係數為0.821

註：資料日期為 2018.07 ～ 2021.06　　資料來源：Yahoo Finance

報酬率，y 軸是元大高股息的報酬率。可以看到，當元大台灣 50 上漲時，元大高股息也幾乎上漲；元大台灣 50 下跌時，元大高股息也是下跌，兩者的關係呈現從左下方往右上方上升的趨勢，代表它們是正相關的關係。

利用 Excel 自動計算可以得知，這兩檔 ETF 的相關係數高達 0.821；可知道，若投資組合裡只配置元大台灣 50 和元大高股息，組合後的標準差只會比個別標準差低一些，對降低報酬率波動的效果不大（用 Excel 計算相關係數詳見延伸學習❶）。

範例 1》0050 + 00679B，長期成長又能緩衝波動

既然元大台灣 50 和元大高股息不適合成為資產配置的組合，那麼如果只想挑 2 檔台灣就能買到的 ETF 來組合，該怎麼做？

1. 找出適合搭配的資產

最簡單的做法，其實就是「市值型股票 ETF ＋美國長天期公債 ETF」，這兩類都是能長期成長的資產，且具有負相關；當其中一項資產的月報酬率高於平均值時，另一項資產的月報酬率很可能會低於平均值，相加起來就更接近平均值。例如元大台灣 50

＋元大美債 20 年（00679B），就是很理想的組合。

　把兩檔 ETF 過去 3 年（2018 年 7 月～ 2021 年 6 月）的月報酬率畫出來，可看到當一檔出現正報酬時，另一檔有很大機會出現負報酬（詳見圖 2）；即使是同時出現正報酬（或同時出現負報酬），報酬率也會呈現明顯差距。計算過後可以知道，它們的相關係數為 -0.38，呈現負相關。

　再觀察這兩檔 ETF 的平均報酬率、標準差、相關係數以及夏普比率（詳見表 1），一般投資者通常只會把重點放在「元大台灣 50 的平均報酬率比元大美債 20 年高出許多」，如果只能二選一，相信不會有人挑元大美債 20 年；畢竟一般投資者會希望資產漲多一點，自然認為報酬率愈高愈好。但是用資產配置的角度來看，就會發現資金全部投入元大台灣 50 不見得是首選。

　別忘了，當你決定要做資產配置，就是為了在持有過程中，整體報酬率能盡量維持穩定，不要過於大起大落，導致投資信心動搖。因此，比全部持有元大台灣 50 更好的選擇，就是「元大台灣 50 ＋元大美債 20 年」這組負相關資產。而接下來就要了解「需要各投入多少資金？」

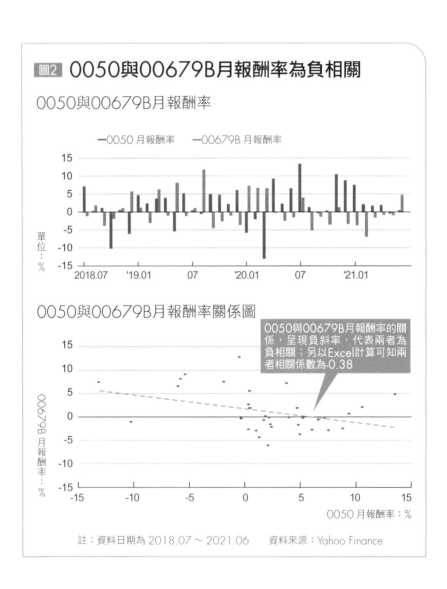

表1 0050、00679B相關係數為-0.38
——0050及00679B平均報酬率及標準差

ETF名稱 （代號）	年平均報酬率 （%）	年標準差 （%）	夏普比率	相關係數
元大台灣50（0050）	23.4	18.9	1.24	-0.38
元大美債20年（00679B）	5.4	15.0	0.36	

2. 決定資金配置比重

沒有錯，資產配置並不是隨意搭配，想要獲得最有利的成果，就要找出最佳的資金比重是多少；這麼做，可以讓我們承受相對低的波動風險（較低的標準差），並獲得相對優渥的獲利（平均報酬率）。用投資學的術語來說，就是找到夏普比率最高的組合；複習一下，夏普比率就是每承受 1% 的波動風險，可獲得的平均報酬率，因此夏普比率當然是愈高愈好。

當投入資金比重不同，「元大台灣 50 ＋元大美債 20 年」組合所呈現的平均報酬率及標準差的表現也會有明顯差異（詳見表 2）。如果 100% 持有元大台灣 50，平均報酬率會是 23.4%，為最高。然後，隨著元大台灣 50 的權重減少，組合後的平均報酬率也跟著降低，最低就是全部持有 00679B，平均報酬率僅有

5.4%。

　有趣的是，雖然 100% 持有元大台灣 50 可以享有最高的平均報酬率，但夏普比率為 1.196，並非最高，也就是資金效率並不是最好。而當我們將持有元大台灣 50 的資金權重以每 10% 慢慢降低，可以發現夏普比率竟然上升了！例如持有「80% 元大台灣 50 ＋ 20% 元大美債 20 年」，夏普比率可以提升到 1.335%。

　在這張表格裡，夏普比率最高點的組合，落在「60% 元大台灣 50 ＋ 40% 元大美債 20 年」，夏普比率達到 1.455%。就資產配置的原則來看，這樣的搭配才是最佳效率組合，也可以稱為「最佳效率組合」；雖然這個組合的平均報酬率為 16.2%，輸給全部持有 0050 的表現，但標準差卻也大幅減少至 10.6%。關鍵就在於股債呈現負相關，使得組合後的平均報酬率雖不是最高，卻能夠有效降低總資產的標準差，讓整體報酬率更趨穩定。

　或許有人會說，自己能夠承受高達 18.9% 的標準差，那是不是全部持有元大台灣 50 就可以了呢？其實還有其他方法，可以組出與元大台灣 50 相同標準差，但是平均報酬率更高的組合，不過，這就需要運用到槓桿工具，有興趣的投資者可以再閱讀本

表2 0050與00679B資金6：4，夏普比率最高
——0050、00679B不同權重組合的夏普比率

0050權重 （%）	00679B權重 （%）	年平均報酬率 （%）	年標準差 （%）	夏普比率
100	0	23.4	18.9	1.196
90	10	21.6	16.5	1.261
80	20	19.8	14.3	1.335
70	30	18.0	12.3	1.407
60	**40**	**16.2**	**10.6**	**1.455**
50	50	14.4	9.5	1.428
40	60	12.6	9.3	1.279
30	70	10.8	9.8	1.023
20	80	9.0	11.1	0.743
10	90	7.2	12.9	0.500
0	100	5.4	15.0	0.309

書 3-7。

投資心態再保守，都不要全部持有債券資產

從另一個角度來看，若是個性極為保守的投資者，對於元大台灣 50 可能興趣缺缺，可能會寧願把錢全拿去買好似更穩定的元大美債 20 年。

　　然而 100% 持有元大美債 20 年也不見得有多穩定，它的標準差比元大台灣 50 低沒錯，但其實也只低了 3.9 個百分點，而平均報酬率卻少了 18 個百分點，光憑這一點來評估就知道不划算。

　　再比較夏普比率就更清楚了，元大美債 20 年的夏普比率僅有 0.309%，元大台灣 50 卻高達 1.196%，如果只能二選一，元大美債 20 年顯然不是好選擇。

　　我們再將表 2「元大台灣 50 ＋元大美債 20 年」不同資金比重的平均報酬率及標準差交會點畫出來，可以發現這些交會點可連成一條曲線（詳見圖 3），也就是投資學所說的效率前緣（Efficient Frontier）。

　　再複習一次，考量投資組合的資金比重時，我們要掌握的重點就是「讓資金發揮最好的效率」；也就是，當風險相同，要選擇報酬率最高的組合；當報酬率相同，則要選風險最小的組合。從圖 3 可以看出，假設能承受 10.6% 標準差的風險，那麼在 10.6% 這條標準差的直線上，「60% 元大台灣 50 ＋ 40% 元大美債 20 年」（圖 3 ❶）可以獲得最高的平均報酬率，這就是「有效率組合」。

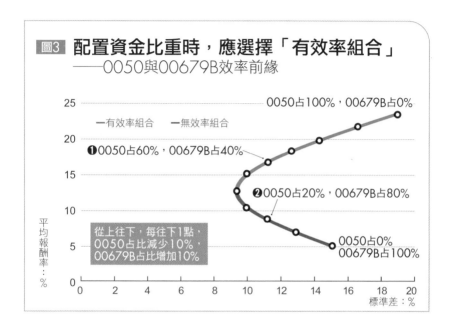

圖3 配置資金比重時，應選擇「有效率組合」
——0050與00679B效率前緣

對應另一組「20% 元大台灣 50 ＋ 80% 元大美債 20 年」（圖
3 ❷）標準差為 11.1%，承擔差不多的風險，卻僅能獲得 8% 的
平均報酬率，效率明顯差了很多，這就是一種「無效率組合」。

因此，投資者在決定資金權重時，除了可以透過夏普比率找到
最佳效率組合之外，也可以按照自己可承受的風險來進一步調配
資金權重，並要留意所選擇的組合是否位於「有效率組合」的效

率前緣上。

範例 2》0050 ＋定存，優於單獨持有債券資產

保守投資者既然不適合將資金全部投入元大美債 20 年，那有沒有能兼顧安全又讓資產成長的方法呢？有的，那就是同時持有「無風險的定存＋風險性資產」，例如同時持有「元大台灣 50 ＋定存」。

資產可分為無風險資產與風險性資產兩種，只要淨值會波動的，都是屬於「風險性資產」，例如股票型 ETF、債券 ETF、REITs 等都是。

資產淨值不會波動的，就是「無風險資產」，雖然在投資學上，無風險資產有特別定義，但對一般投資者來説，「定存」是一種很務實的無風險資產。定存淨值不會波動，標準差為 0%，而定存年利率就是平均報酬率。

例如，你有 100 萬元資金要分配至元大台灣 50 及銀行定存，近 3 年（2018 年 7 月～ 2021 年 6 月）的平均報酬率與標準

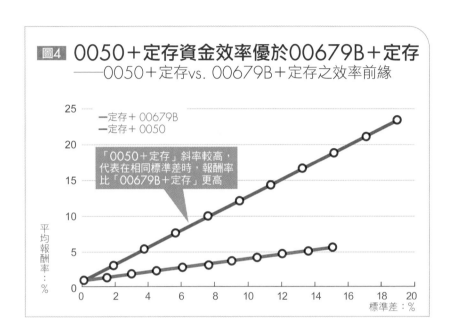

圖4 **0050＋定存資金效率優於00679B＋定存**
——0050＋定存vs. 00679B＋定存之效率前緣

「0050＋定存」斜率較高，代表在相同標準差時，報酬率比「00679B＋定存」更高

差為：

元大台灣 50：平均報酬率 23.4%，標準差 18.9%。
銀行定存：平均報酬率 0.8%，標準差 0%。

兩者組合後的平均報酬率，等於個別平均報酬率的加權平均；例如 40% 資金投入元大台灣 50，另外 60% 資金投入定存，平

均報酬率與標準差則為：

「40% 元大台灣 50 ＋ 60% 定存」平均報酬率
＝ 40%× 元大台灣 50 平均報酬率 23.4% ＋ 60%× 定存平
　均報酬率 0.8%
＝ 9.8%

「40% 元大台灣 50 ＋ 60% 定存」標準差
＝ 40%× 元大台灣 50 標準差 18.9%
＝ 7.6%

相較於全部持有元大美債 20 年，這個組合的標準差僅 7.6%，
風險少了一半（元大美債 20 年為 15%），平均報酬率 9.8% 更
是明顯勝出許多（元大美債 20 年為 5.4%）。

我們可以再將元大美債 20 年以及「0050 ＋定存」放在同一
個標準來比較。

3-3 提過，面對兩種不同平均報酬率與標準差的風險性資產，
只要加入定存，並調整出相同標準差，就能看出誰的平均報酬率

比較高了。

　而只要是「定存＋風險性資產」，其不同資金權重的平均報酬率與標準差，所連成的效率前緣都是一條直線（詳見延伸學習❷）。而直線的斜率就是夏普比率，至於是線上哪一個點，是由定存所占的資金權重決定；夏普比率愈高，直線的斜率愈是陡峭。

　例如元大台灣 50 的平均報酬率 23.4%、標準差 18.9%；元大美債 20 年的平均報酬率 5.4%、標準差 15%。

　當我們採用「79.4% 元大台灣 50 ＋ 20.6% 定存」這個組合，標準差就跟元大美債 20 年一樣是 15%，平均報酬率則為 18.7%（＝ 79.4%×23.4% ＋ 0.8%×20.6%），遠遠勝過全部持有元大美債 20 年的平均報酬率 5.4%。

　也就是說，承擔與元大美債 20 年相同的風險，還不如持有「79.4% 元大台灣 50 ＋ 20.6% 定存」組合，可以發揮更高效的資金效率。

　再將「0050 ＋定存」（圖 4 藍線）及「00679B ＋定存」（紅

線）的效率前緣分別畫出來，可以看到藍線更為陡峭，也就是斜率較高；也意味著在任何一個標準差的條件下，「0050 ＋定存」組合的平均報酬率，都比「00679B ＋定存」組合的平均報酬率還要高。

範例 3》定存＋ 0050 ＋ 00679B，創造最高效率

除了「元大台灣 50 ＋定存」之外，如果能加入債券資產將會更理想。

從前面的文章可以知道，全部持有元大台灣 50，或全部持有元大美債 20 年都不是最明智的配置；雖然持有「元大台灣 50 ＋定存」已經能有很不錯的表現，但是若能適當加入元大美債 20 年，整體資產將會更為穩健。

我們剛剛比較過，持有元大台灣 50 的資金效率，其實不如同時持有適當的「元大台灣 50 ＋元大美債 20 年」組合。元大美債 20 年這檔 ETF 的表現，單獨看起來一點都不起眼，但是卻非常適合跟元大台灣 50 一起搭配，組合後的夏普比率會高於單獨持有元大台灣 50。

用另一個角度看，元大台灣 50 固然厲害，但是若沒有元大美債 20 年，就無法表現得更好。元大美債 20 年就好似綠葉一般，讓元大台灣 50 這朵花看起來更漂亮。

1. 找出股債的「最佳效率組合」

由於表 2 每一列的資金權重都是相差 10%，所以精密度不夠，為了找出最高夏普比率的組合，我使用了 Excel 提供的規畫求解功能，順利找出兩者最佳效率組合為「57% 元大台灣 50 ＋ 43% 元大美債 20 年」，以下稱為「最佳效率組合」。

圖 5 的藍線是「元大台灣 50 ＋元大美債 20 年」組合的效率前緣，紅圈就是這組最高夏普比率的「最佳效率組合」，平均報酬率 15.7%，標準差 10.2%，夏普比率 1.456%。

找到了「最佳效率組合」之後，可以再依個人承受度加入定存，即可調配出任何風險程度的新組合，也就是圖 5 中的紅線。

在這條紅線上的任何一點，斜率都是相同的夏普比率 1.456%，每一點都代表定存與「最佳效率組合」的新組合；每一點的差別在於資金權重高低，紅線上愈往左邊的點，代表定存

資金權重愈高，平均報酬率及標準差也隨之下降。

2. 可自行決定「定存＋最佳效率組合」的資金權重

　　至於「定存＋最佳效率組合」當中，定存資金權重到底該配置多少？這就沒有一個定論了，因為每一點夏普比率都一樣，也就是效率都一樣好，差別只有風險及報酬不一樣而已。每一個投資者都有自己的風險屬性，挑選的點就會不一樣，風險承受度高的就選平均報酬率高一點，風險承受度低的就選標準差少一些的。

　　為了幫助讀者更清楚「定存＋最佳效率組合」組合之後的表現，我將這組合的平均報酬率、標準差以及 95% 機率的平均報酬率落點列在表 3 當中。再複習一次，未來 1 年的平均報酬率，有 95% 機率會出現在平均報酬率正負兩個標準差之間（詳見 3-3 圖 2），表 3 最後一欄「95% 的機率落點」就是這樣計算出來。

　　讀者可以根據這張表來判斷自己的風險承受度，作為分配資金權重的參考。例如你認為自己最多只能接受未來 1 年報酬率落在「-2.5% ～ 22%」之間，那麼就可以配置「40% 定存＋60% 最佳效率組合」。也就是假設總資金為 100 萬元，就可以考慮將 40 萬元置於定存，另外 60 萬元投入最佳效率組合，也就是 34

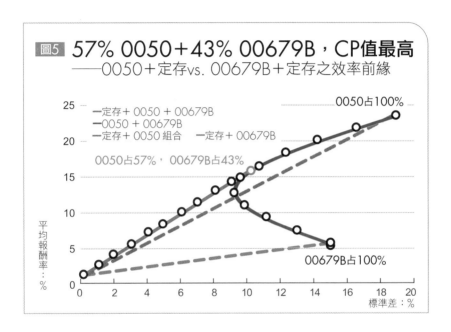

萬元投入元大台灣 50，另外 26 萬元投入元大美債 20 年（詳見圖 6）。

投資多項資產，也能找出最佳效率組合

　　資產配置當然不限於只能配 2 種或 3 種資產，也可以選擇好幾檔，然後根據不同的資金權重找出最佳效率組合；這是屬於非常

表3 定存權重愈高，資產組合標準差愈低
——「定存＋最佳效率組合」未來1年報酬率落點

定存權重（％）	平均報酬率（％）	標準差（％）	95%機率的落點（％）
0	15.7	10.2	-4.8～36.1
10	14.2	9.2	-4.2～32.6
20	12.7	8.2	-3.6～29.0
30	11.2	7.1	-3.1～25.5
40	9.7	6.1	-2.5～22.0
50	8.2	5.1	-2.0～18.4
60	6.7	4.1	-1.4～14.9
70	5.3	3.1	-0.9～11.4
80	3.8	2.0	-0.3～7.9
90	2.3	1.0	0.2～4.3
100	0.8	0.0	0.8～0.8

專業的領域，本書就不再深入探討，只說明其中道理。

　　最後再做個簡單的補充。當許多資產組合在一起時，任何兩項資產都能形成一條效率前緣，例如圖7中的B資產，除了跟A資產有組合線，也跟C資產有一條組合，同時也會跟其他沒標示出來的資產有一條組合線；A資產也一樣，與B、C資產都各有

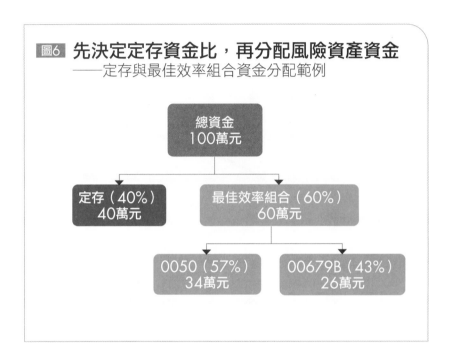

圖6 **先決定定存資金比，再分配風險資產資金**
──定存與最佳效率組合資金分配範例

總資金
100萬元

定存（40%）
40萬元

最佳效率組合（60%）
60萬元

0050（57%）
34萬元

00679B（43%）
26萬元

一條組合線。除此之外，A、B 資產組合線中的任一點，也可以跟其他資產或組合線，產生另一條組合線。

於是，多資產的組合，就不再只是一條曲線，而是如圖中黃色平面，最外圍的前緣形成一條像子彈的曲線，最左邊彎曲點為最低方差點 MVP（Minimum Variance Portfolio），就是最低波動

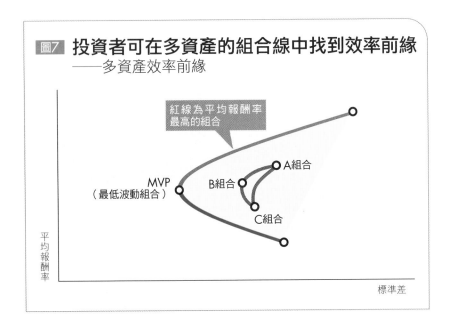

圖7 投資者可在多資產的組合線中找到效率前緣
——多資產效率前緣

紅線為平均報酬率
最高的組合

A組合

MVP
（最低波動組合）

B組合

C組合

平均報酬率

標準差

度的組合。因為相同標準差的條件下，我們最關心的是平均報酬率最高的組合，也就是圖中 MVP 上方最邊緣的那條紅色粗線。

想要進一步找出多項資產的最佳效率組合，有興趣的讀者可以自行閱讀投資學，我們只要知道效率前緣的意義即可。效率前緣線也不必自己畫，網路上都有提供許多線上工具，例如 Portfolio Visualizer 這個網站有非常豐富的資訊，一般讀者會用到的部分

還是免費的（詳見 3-6）。

其實一檔股票 ETF 就是多檔個股的組合，當然也會有一條效率前緣線，而 ETF 成分股也會根據效率前緣找出最佳效率組合，不過這是資產管理公司要傷腦筋的。建議一般投資者只要選定不同類別的 ETF，例如股票型、債券型，頂多加上 REITs 或特別股 ETF，找出效率最佳的 ETF 組合，最後再依個人風險承受度決定要加入多少比重的定存即可。

延伸學習❶　用Excel一鍵算出相關係數

要計算兩組數據之間的相關係數，只需要利用 Excel 的「CORREL」函數代入要比較的兩組數據，就能快速算出相關係數是多少，以下圖為例：

用「CORREL」函數可計算相關係數

	A	B	C	D	E	F
1	相關係數	0.770				
2	月份	資產1	資產2		=CORREL(B3:B19,C3:C19)	
3	2020年1月	-5.8%	-4.6%			
4	2020年2月	-1.9%	0.0%			
5	2020年3月	-13.1%	-11.6%			
6	2020年4月	9.4%	10.5%			
7	2020年5月	2.3%	3.5%			
8	2020年6月	6.6%	2.6%			
9	2020年7月	13.5%	4.2%			
10	2020年8月	1.3%	0.2%			
11	2020年9月	-0.3%	-2.0%			
12	2020年10月	0.3%	-0.2%			
13	2020年11月	10.5%	5.9%			
14	2020年12月	8.8%	2.0%			
15	2021年1月	7.5%	1.0%			
16	2021年2月	2.1%	5.5%			
17	2021年3月	1.7%	8.5%			
18	2021年4月	1.8%	3.8%			
19	2021年5月	-0.4%	-2.4%			

Step 1 　列出資產 1 與資產 2 的月報酬率。

Step 2 　輸入 CORREL 函數並代入 2 組月報酬率的儲存格位置，即可立刻算出相關係數。

延伸學習❷ 效率前緣愈陡，夏普比率愈高

若風險性資產平均報酬率為 R1，定存報酬率為 Rf，標準差分別為 σ_1、0，權重分別為 w1、w2，組合後的平均報酬率及標準差公式可以簡化如下：

組合後的平均報酬率（R）=R1×w1 + Rf ×w2

組合後的標準差（σ）=σ_1* w1

斜率＝夏普比率 $\dfrac{R_1-R_f}{\sigma_1}$

這組公式的意思是，「風險性資產＋定存」的平均報酬率（R），是定存（Rf）與風險性資產（R1）的加權平均；標準差（σ）為風險性資產標準差（σ_1）乘上它所占的權重（w1）。

組合後的平均報酬率及標準差一定會連成一直線（如下圖），而這條直線的斜率就是夏普比率，夏普比率愈高則斜線愈陡峭。由於 Rf 是固定的，因此風險性資產的平均報酬率 R1 及標準差 σ_1，也直接決定了「風險性資產」的夏普比率（斜率）有多高。

定存與風險性資產組合後效率前緣為直線

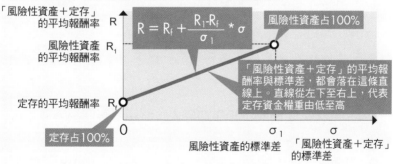

3訣竅善用免費網站 自動找出最佳資產組合

3-6

　　現今網路非常發達,有非常多的網站也都提供豐富的資產配置資源,只是如果不知道如何去使用及解讀,再多的資源也沒有用;這也是為什麼我要花這麼大的篇幅介紹資產配置的理論基礎,實際操作時才能得心應手,而本章節就是將理論化為實作,可說是資產配置實戰篇。

　　本章節所使用的工具都是「Portfolio Visualizer」網站(www.portfoliovisualizer.com)所提供的免費工具。進入網站首頁,可以看到共分為 6 大類別,本書只用到以下 3 大類別:

1. 資產解析(Asset Analytics):找出資產的相關性。

2. 組合最佳化(Portfolio Optimization):找出效率前緣以

及最佳資產組合。

3. 回流測試（Backtest Portfolio）：檢驗最佳效率組合是否
跟期望吻合（此部分操作詳見 3-7）。

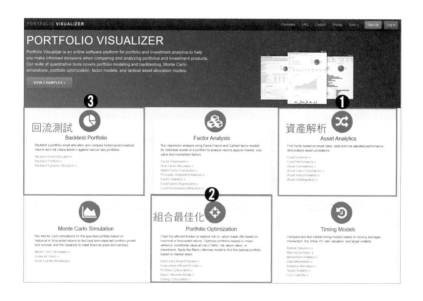

資產類別有非常多種，哪些資產之間具有互補性？只要看資產
的相關係數即可，相關係數是介於 -1 跟＋ 1 之間的小數，數字
愈接近 -1 的資產互補性愈好，也是資產配置的首選。以下就來看
看如何善用這個網站。

訣竅 1》用「資產解析」功能了解不同資產相關係數

　　Portfolio Visualizer 網站的「Asset Analytics」（資產解析）這類別，提供了相當有用的工具。可以大範圍地使用不同資產類別做相關係數分析，也可以利用個別的證券代號做分析，只是限於美國發行的證券才行。

　　一般對資產類別的相關性還不了解時，就可以先從各種不同類別的相關性開始。在「Asset Analytics」區塊，點入「Asset Class Correlations」（資產類別相關性，下圖❶）這一個小項。

　　進入該頁面後，雖然使用者可以自選起始日期、結束日期，並

選擇要以日報酬率、月報酬率或年報酬率作為計算基礎。不過，其中的起始日期、結束日期以及計算期間已經由系統預設好了，沒有特別需求就不用再重新設定。

　　因此，進來這個頁面後只需點選「View Correlation」（查看相關性）按鈕（下圖❶），頁面就會顯示各資產類別之間的相關係數，每一類別都有一檔最具代表性的 ETF，並且用表格呈現這些 ETF 之間的相關係數。

　　資產類別相關係數表第 1 欄「Name」就是 ETF 名稱（下圖❶），第 2 欄的「Ticker」是證券代號（下圖❷），美國發行的證券代

號都是以英文字母組成，例如 IVV 就是 iShares Core S&P 500
ETF，TLT 是 iShares 20+ Year Treasury Bond ETF。

　　每一列的證券代號，都會有一個對應的欄位，而欄列相交格子
中的數字，就是這兩檔 ETF 的相關係數。欄、列的證券代號是對
稱的，所以圖中斜線所經過的格子，就是 ETF 與自身的相關係數，
也就是完全正相關的「1.00」。由於斜線的右邊及左邊的數字
是對稱的，所以只看斜線其中一邊的相關係數也可以，例如 TLT
（列）、IVV（欄）以及 IVV（列）、TLT（欄）的相關係數都是-0.31
（下圖❸、❹）。

　　相關係數愈接近 -1 的資產類別，就愈適合組合在一起。這張相關係數表雖然很詳細，但是表中有太多數字，不容易一眼就分辨出來相關係數的正負高低；因此我另外將這些數字輸入至 Excel，並使用「條件格式設定」功能，將相關係數依顏色來區分；顏色偏綠的數字愈接近正 1，偏紅色的數字愈接近 -1，橙色部分接近 0。並將斜線左邊重複部分除去，就可以很方便看到哪些 ETF 適合組在一起。

　　由於偏紅色愈接近 -1，所以最紅的組合就愈好。下頁圖中標示出 4 個紅色方框，都是具負相關的組合，最大的一個框就是債券 ETF 與及股票 ETF 之間的組合。很明顯地，只要是股債組合都有不錯的效果（下圖❶）。

　　表中的債券 ETF 代號與其類別分別為：AGG 美國綜合債、SHY 美國 1 ～ 3 年公債、IEF 美國 7 ～ 10 年公債、TLT 美國 20 年以上公債。股票 ETF 與其類別分別為：IVV 美國大型股（S&P 500）、IJH 美國中型股、IJR 美國小型股、EFA 歐澳遠東大型股、SCZ 歐澳遠東小型股、EEM 新興股市。

　　VNQ 這檔房地產 ETF 跟債券 ETF（SHY、IEF、TLT）之間也有

不錯的互補效果（下圖❷）。DBC 德銀商品指數 ETF 跟債券 ETF
搭配也是不錯（下圖❸）；GLD 這檔黃金 ETF，則是跟股票 ETF
有互補（下圖❹）。

　　雖然這幾個類別的資產組合有互補效果，但是否該納入組合
中，還是得看最佳效率組合的權重而定；畢竟相關係數並沒有將
平均報酬率納入考量。

訣竅 2》觀察特定 ETF 之間的相關係數

　　上一個步驟是找出「資產類別」的相關係數，所列出的結果是

目前具有代表性的資產類型。如果你想對特定的 ETF 做相關性分析，可以回到網站首頁，點選「Asset Analytics」中另一個選項「Asset Correlations」（資產相關性，下圖❶）。

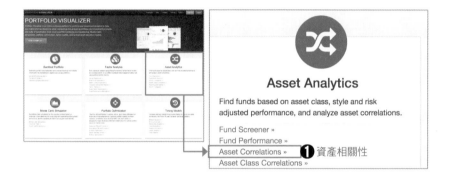

點入資產相關性頁面之後，使用者必須自行填入要分析的 ETF 證券代號，例如要分析 IVV、TLT、IEF 這 3 檔 ETF，就輸入「IVV TLT IEF」（下圖❶），其他欄位直接使用預設值即可（下圖❷）。

之後點選「View Correlation」這個藍色按鈕（下圖❸），就會出現這 3 檔 ETF 之間的相關係數，同時也會列出個別 ETF 的年化報酬率與標準差；其中標準差又分為日標準差、月標準差及年標準差，而年標準差的數據其實就是月標準差乘上$\sqrt{12}$（＝3.46）。

　　系統預設的計算期間將近 19 年，為長期間累積的相關係數；同時系統也有提供「滾動相關係數」功能，讓我們可以選擇不同的時間點，觀察近 36 個月相關係數的變化。只要點選「Rolling Correlations」（滾動相關係數，下圖❹）就能看到，不過這一頁只會列出所輸入的前 3 檔資產相關係數圖，因此使用這個資產相關係數功能時，建議最多輸入 3 檔即可。

　　下圖就是 IVV 及 TLT 在不同時間點，36 個月的滾動相關係數變化。可以看出 2006 ～ 2012 年這段期間，兩檔相關係數多落在 0 ～ -0.4 之間，可是 2012 ～ 2014 年卻是非常負相關，平

均落在 -0.7 左右，直到 2021 年 7 月也多在 -0.2 ～ -0.5 之間
游動。

　　不管是平均報酬率、標準差及相關係數，如果採樣的時間點愈
接近現在，當然愈有參考價值，所以也可以只看近 3 年的相關係
數。從圖上看起來，IVV 及 TLT 兩檔 ETF 相當適合組在一起。

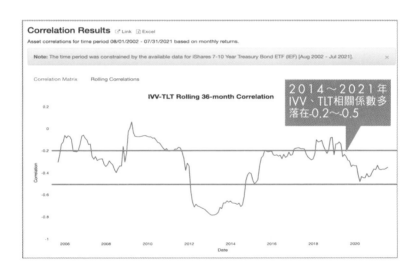

訣竅 3》找出資產的效率前緣及最佳效率組合

　　確定股、債類別是不錯的組合後，要如何配置才能得到效率

前緣？如何找出高夏普值的組合？利用「組合最佳化」中的「Historical Efficient Frontier」（歷史效率前緣，下圖❶）以過去一段期間的資料，找出效率前緣線及最佳效率組合的權重。

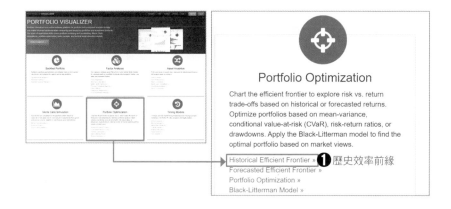

進入歷史效率前緣頁面，使用者需要先輸入查詢條件：

❶圖表類型（Chart）：可選擇「單一效率前緣」或「雙效率前緣」，通常用預設值的單一效率前緣即可，若要比較兩組以上的資產配置再選擇雙效率前緣。

❷組合型態（Portfolio Type）：預設選項為「Asset Classes」（資產類別），也可選擇「Tickers」（證券代號）。

如果選擇「Asset Classes」，就只能根據系統提供的資產類別做選擇；選擇「Tickers」才能輸入想查詢的證券代號。

❸**起始年度（Start Year）、結束年度（End Year）**：接著要設定資料期間，預設值為 1972 年至現在的年度，但我通常建議設定為最近 10 年或 20 年即可；假設現在是 2021 年，欲查詢10 年資料，則起始年度輸入「2011」，結束年度輸入「2021」。

❹**效率前緣資產（Efficient Frontier Assets）**：在效率前緣資產中選擇資產類別或證券代號，其他部分使用預設值就可以了。

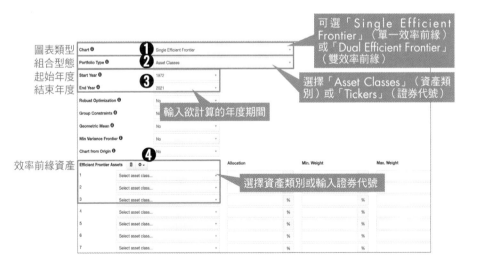

範例 1》按資產類別找出效率前緣

我們先以「資產類別」為範例：

◎**圖表類型**：預設選項「Single Efficient Frontier」。

◎**組合型態**：預設選項「Asset Classes」。

◎**起始年度**：輸入「2011」。

◎**結束年度**：輸入「2021」。

◎**效率前緣資產**：分別選擇 7 項資產類別，分別為「US Large Cap」（美國大型股）、「US Small Cap」（美國小型股）、「Corporate Bonds」（美國公司債）、「Long Term Treasury」（美國長天期公債）、「Global ex-US Stock Market」（美國除外之全球股市）、「Global Bonds Unhedged」（全球債券）、「REIT」（房地產）。

◎**權重、最小權重、最大權重**：每個資產類別都可以自行輸入欲配置「Allocation」（權重）、「Min. Weight」（最小權重）、「Max. Weight」（最大權重）等 3 個欄位，可以都不填寫數字，代表不加以限制。若想在權重填寫數字，則要確定所有資產權重加總是 100%；使用者在此欄位輸入的值不會影響效率前緣曲線，

只會將這樣配置的落點，顯示於效率前緣圖中。

按上述內容填寫完這張表格後，點選「View」按鈕（下圖❶）。

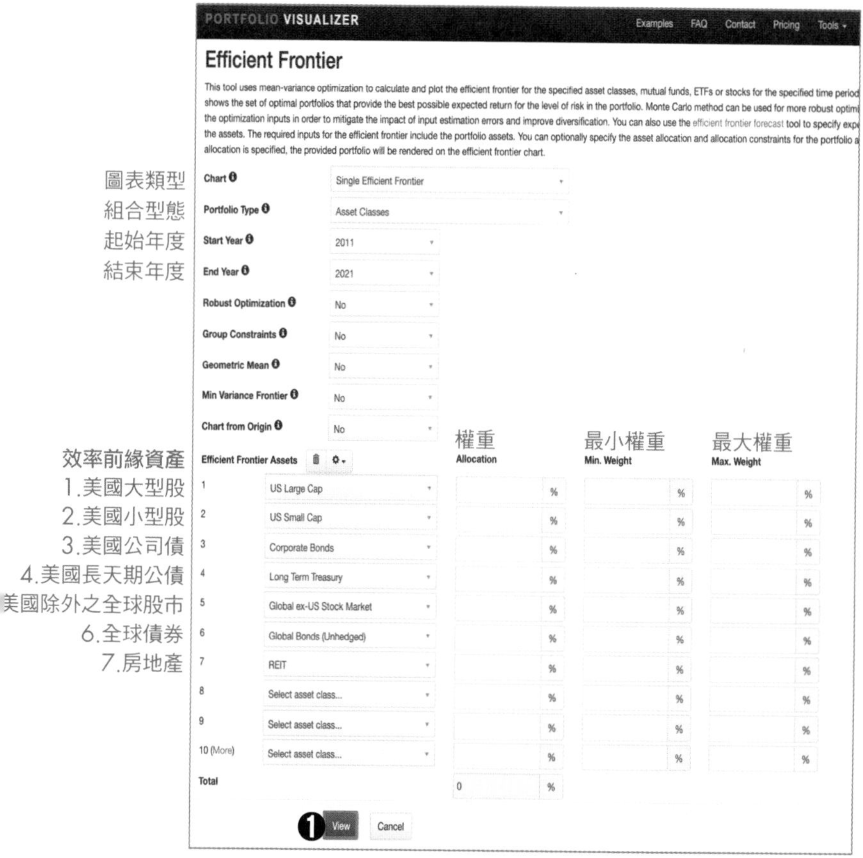

接著，就會顯示最佳效率組合為「美國大型股占 53.69%、美
國長天期公債 46.31%」。這樣的組合平均報酬率（Expected
Return）為 11.83%，標準差（Expected Volatility）為 7.14%，
夏普比率（Sharpe Ratio）高達 1.5。這個結果說明，即便有 7
種資產類別可選擇，可是最佳效率組合竟然只需要「美國大型股」
以及「美國長天期債券」這兩個類別，其他資產都不需要。

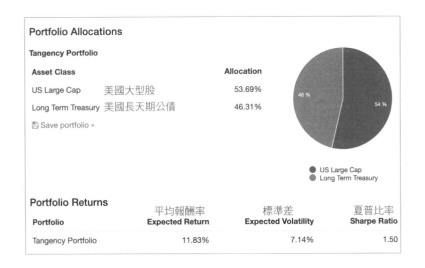

將頁面往下移，就可以看到這個「最佳效率組合」的效率前緣
線（詳見下圖），水平軸為標準差（Standard Deviation），垂
直軸為期望報酬率（Expected Return），也是平均報酬率。

　　藍色的曲線就是效率前緣線，也就是每個水平軸上的標準差相對最高的平均報酬率。將滑鼠移到效率前緣線上，就會出現該點的組合。例如，圖上的文字框顯示該點為「64.59% 美國大型股＋35.41% 美國長天期公債」的組合，平均報酬率 12.73%，標準差 7.98%，夏普比率 1.438。

　　圖上也會顯示所選擇 7 種資產類別的平均報酬率及標準差落點，其中僅美國大型股落在效率前緣線上，但最佳效率組合是圖中的「Tangency Portfolio」（切線組合），取名為切線，是因為最高夏普比率的組合，會落在無風險報酬及效率前緣線的切點。

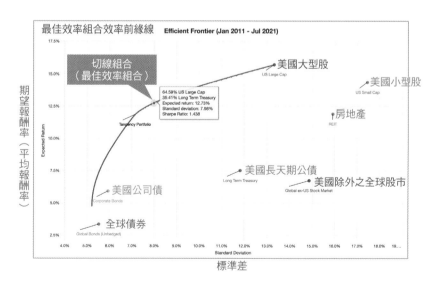

範例 2》按 ETF 代號找出效率前緣

我們從範例 1 得知，美國大型股、美國長天期公債這兩大類別可以構成最佳效率組合；此外，也可以看到美國公司債也很靠近效率前緣線。

因此，我們接下來就根據這 3 個資產類別，列出實際能投資的 ETF，請系統幫我們搭配最佳 ETF 組合。

◎**圖表類型**：預設選項「Single Efficient Frontier」。

◎**組合型態**：選擇「Tickers」（證券代號，下圖**❶**）。

◎**起始年度**：輸入「2011」。

◎**結束年度**：輸入「2021」。

◎**效率前緣資產**：輸入 3 檔 ETF 證券代號（下圖**❷**），分別是追蹤美國大型股（S&P 500 指數）的「IVV」、追蹤美國長天期公債（ICE 美國 20+ 年債券指數）的「TLT」、追蹤美國投資等級債券的「LQD」。

◎**權重、最小權重、最大權重**：這 3 個權重欄位不需要輸入任何數字。

圖表類型
組合型態
起始年度
結束年度

前緣資產

按上述內容填寫完這張表格，點選「View」按鈕，就會顯示最佳效率組合（詳見下圖），可以看到按證券代號找出的最佳效率組合，也是只有追蹤美國大型股的 IVV 及追蹤美國長天期公債的 TLT 就夠了，並不需要追蹤美國公司債的 LQD。而最佳效率組合為 IVV 占 55.65%，TLT 占 44.35%，平均報酬率 12.29%，標準差 7.33%，夏普比率 1.51。

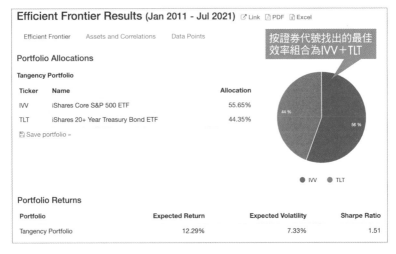

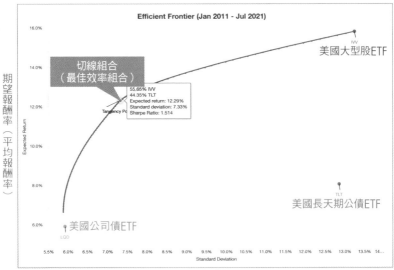

此外，點選「Assets and Correlations」（資產與相關性，下圖❶）頁籤後，頁面上也會列出這 3 檔 ETF 的平均報酬率及標準差數據，有興趣的讀者可自行參考。

Efficient Frontier Results (Jan 2011 - Jul 2021) ⌕ Link 🖹 PDF 🖹 Excel

Efficient Frontier	Assets and Correlations	Data Points

❶ 資產與相關性

Efficient Frontier Assets

#	Asset	Expected Return	Standard Deviation	Sharpe Ratio	Min. Weight	Max. Weight
1	iShares Core S&P 500 ETF (IVV)	15.78%	13.25%	1.071	0.00%	100.00%
2	iShares 20+ Year Treasury Bond ETF (TLT)	8.05%	12.86%	0.561	0.00%	100.00%
3	iShares iBoxx $ Invmt Grade Corp Bd ETF (LQD)	5.91%	5.92%	0.879	0.00%	100.00%

Results based on historical returns. Expected return is the annualized monthly arithmetic mean return. Ex-ante Sharpe Ratio calculated using 3-month treasury bill returns as the risk-free rate.

3-7 適度運用財務槓桿提升投資組合報酬率

　　沒學過資產配置的人，即使知道可以利用 iShares Core S&P 500 ETF（IVV）這檔美國大型股 ETF，加上 iShares 20+ Year Treasury Bond（TLT）這檔美國長天期公債 ETF，搭配出最佳效率組合；但是我想，許多年輕族群為了獲得高報酬率，還是寧可選擇 100% 都投入 IVV，因為這樣可以獲得最高的平均報酬率 15.78%，儘管知道單獨投入 IVV 的標準差會高達 13.25%，且夏普比率只有 1.071，比最佳效率組合的夏普比率 1.5 還要低。

　　而退休族群則不一樣，很有可能不選 IVV 也不選 TLT，而傾向選擇 100% 投入 iShares iBoxx $ Investment Grade Corporate Bond ETF（LQD）這檔追蹤美國投資級公司債的 ETF。主要考量是 LQD 的標準差只有 5.92%，需承受的風險最低，儘管平均報酬率只有 5.91%、夏普比率只有 0.879 也無所謂。

　　這是因為年輕族群多認為報酬率的重要性高於一切，畢竟風險承受度高，即使投資失敗也有時間扳回一城。而退休族群已經沒有固定薪資收入，所以最注重穩定度。但是找出最佳效率組合，其實可以滿足年輕族群希望的高報酬率，也能達成退休族群的低標準差要求。

　　我們找到的「最佳效率組合」只是一個基底，只要搭配定存或財務槓桿，就可以在不改變夏普比率的條件下，調配出任意風險及平均報酬率的一組資產。

　　我知道「財務槓桿」4 個字很恐怖，也強調過一般人不適合輕易投資槓桿型 ETF。不過既然要認識資產配置，不妨在這裡把財務槓桿這個概念一次講清楚。

財務槓桿可縮小或放大報酬與風險

　　財務槓桿這個概念，其實就是「『持有風險性資產的金額』與『投入資金』的比值」而已，財務槓桿使得報酬與風險可以縮小，也可以放大。例如總資金 100 萬元，但是持有的風險性資產卻只有 40 萬元，這就是一種 0.4 倍的財務槓桿，意思是風險及報

酬都只有原來的 0.4 倍；簡單說，曝險部位跟投入資金的比值就是槓桿倍數。

若是總資金為 100 萬元，卻持有 200 萬元的風險性資產，那麼財務槓桿就是 2 倍，這時候風險及報酬都會放大 2 倍。所以槓桿倍數大於 1 倍時，才需要特別小心。

例如，選擇投資「最佳效率組合」（55.65% IVV ＋ 44.35% TLT），平均報酬率為 12.29%、標準差 7.33%；當槓桿倍數只有 0.4 倍（6 成現金放抽屜，4 成投入最佳效率組合），因為現金的報酬率和標準差都是 0%，那麼整體資產的平均報酬率剩下 4.92%（＝ 0.4×12.29%），標準差則降為 2.93%（＝ 0.4×7.33%）。

但是投資者應該不至於把 6 成現金放抽屜裡，再怎麼保守，也會把錢放在銀行定存，那麼整體資產平均報酬率就是定存及風險性資產報酬的加權平均，以目前定存年利率約 0.8% 計算，整體資產平均報酬率相當於 5.4%（＝ 0.6×0.8% ＋ 0.4×12.29%）；定存因為標準差為 0%，所以整體資產的標準差還是 2.93%。

　　結論，使用槓桿後，平均報酬率是定存與風險性資產的加權平均；而標準差則是風險性資產標準差乘上槓桿倍數，可以寫成如下的公式：

風險性資產＋定存

平均報酬率＝定存權重 × 定存年利率＋風險性資產權重 × 風險性資產平均報酬率

標準差＝風險性資產權重 × 風險性資產標準差

　　當槓桿倍數大於 1 倍時，就是風險性資產比資金還要多，這必須使用貸款或衍生性商品才能做到。若是使用貸款，上述公式中的定存權重必須改成貸款權重，定存年利率則改成貸款年利率，而且是負值。

風險性資產＋貸款

平均報酬率＝貸款權重 × 負值之貸款年利率＋風險性資產權重 × 風險性資產平均報酬率

標準差＝風險性資產權重 × 風險性資產標準差

　　假設持有風險性資產 2 萬元，其中有 1 萬元是貸款，代表槓

桿倍數為 2 倍，並假設貸款年利率為 2%，那麼組合後的平均報酬率為 22.58%（＝ 1×-2% + 2×12.29%），標準差為 14.66%（＝ 2×7.33%）。驗算如下：風險性資產獲利 2,458元，扣除貸款利息 200 元，淨利 2,258 元，除上投入資金 1 萬元整，報酬率為 22.58%。

財務槓桿會將原有風險性資產（簡稱原型資產）的報酬率及標準差放大及縮小，當槓桿倍數小於 1 倍時，會使整體資產的平均報酬率及標準差都比原型資產還要小，也就是投資更保守。槓桿倍數大於 1 倍時，則會放大原型資產的平均報酬率及標準差，也就是讓投資更大膽積極。

退休族善用槓桿原理，也能投資最佳效率組合

有了上述的概念，回頭思考退休族群為了風險考量，該選擇將資金 100% 投入標準差相對小的 LQD？還是用定存配合最佳效率組合成立一個新組合呢？

LQD 的平均報酬率只有 5.91%，標準差也僅有 5.92%。雖然「最佳效率組合」的標準差比較高，為 7.33%，但只要用 0.81

倍槓桿，也就是 19% 的定存加上 81% 的最佳效率組合，所配出來的新組合標準差也會跟 LQD 一樣是 5.94%；同時平均報酬率卻可以高達 10.11%，大勝 LQD 的 5.91%。

　　這意思是說，即使是保守的退休族群，不需要為了穩定度而選擇效率較差的 LQD，而是也應該投資「最佳效率組合」，但只需要投入 81% 的資金就好，剩下的 19% 資金放在無風險的定存，豈不是更安心？

　　圖 1 為過去 11 年來的回流測試，假設 2011 年 1 月分別投入 1 萬元，截至 2021 年 10 月底，100% 投入 LQD 會成長到 1 萬 7,798 元（紅線），19% SPDR Bloomberg 1-3 Month T-Bill ETF（BIL）加上最佳效率組合則會成長到 2 萬 7,261 元（藍線），紅線走勢明顯比藍線高出許多。

　　讀者或許有個疑問，IVV 及 TLT 是構成「最佳效率組合」的兩項資產，還有一檔 BIL 是什麼？這是 SPDR 彭博巴克萊 1-3 月美國國庫券 ETF，是用來代替無風險報酬的定存；由於前文提到無風險資產時都以定存舉例，但在 Portfolio Visualizer 網站的回流測試工具當中並無定存選項，所以試算時才用 BIL 替代，實際上

圖1 **無風險＋最佳效率組合報酬勝投資級債ETF**
——LQD vs.無風險＋最佳效率組合

註：1.資料日期為2011.01～2021.10；2.LQD為iShares投資等級公司債ETF；3.BIL
為SPDR彭博巴克萊1-3月美國國庫券ETF，與定存有相同意義，代表無風險資產
資料來源：Portfolio Visualizer

它比起定存又更接近無風險報酬的定義。

　　對年輕族群來說，希望可以獲得較高的平均報酬率，卻也不一定要100%持有IVV，更聰明的方式也是持有「最佳效率組合」，同時利用適度的槓桿倍數，就可以提升平均報酬率，同時也會增加標準差。「最佳效率組合」的標準差只有7.33%，但既然年輕人能夠承受IVV高達13.25%的標準差，那麼只要使用1.81倍的槓桿投資於「最佳效率組合」，就能將整體資產的標準差提高

表1 **槓桿倍數愈高，平均報酬率與標準差也愈高**
——「最佳效率組合」採取不同槓桿倍數的表現

槓桿 倍數	平均報酬率 （%）	標準差 （%）
0.40	5.40（=0.6×0.8%+0.4×12.29%）	2.93（=0.4×7.33%）
0.81	10.11（=0.19×0.8%+0.81×12.29%）	5.94（=0.81×7.33%）
1.00	12.29	7.33
1.28	15.17（=0.28×-2.0%+1.28×12.29%）	9.38（=1.28×7.33%）
1.81	20.62（=0.81×-2.0%+1.81×12.29%）	13.27（=1.81×7.33%）
2.00	22.58（=1×-2.0%+2×12.29%）	14.66（=2×7.33%）

註：1. 最佳效率組合為「55.65% IVV + 44.35% TLT」，平均報酬率12.29%、標準差7.33%；
2. 槓桿倍數小於1倍代表加入定存，並假設定存平均報酬率0.8%、標準差0。槓桿倍數
大於1倍代表使用貸款，並假設貸款年利率2%

到跟 IVV 相近的 13.27%，且平均報酬率可以高達 20.62%（詳見表1），遠遠勝過全部持有 IVV 的 15.78%。

用「回流測試」檢視 3 類型投資組合

以上都是以平均報酬率及標準差做的分析，雖然有道理但總覺得還不夠踏實。若能將分析結果做回流測試，甚至看一下走勢圖，就能知道過去一段期間若採取上述的財務槓桿會出現何種結果。

Portfolio Visualizer 網站（www.portfoliovisualizer.com）也提供回流測試的工具；我們可以將這次選出來的最佳效率組合「IVV（56%）+ TLT（44%）」也放到網站上試算，看看會有什麼樣的結果（為利於理解，最佳效率組合之權重採整數計算）。點選網站首頁「Backtest Portfolio」（回流測試）選單的「Backtest Portfolio」項目，就可以進入回流測試頁面（下圖❶）。

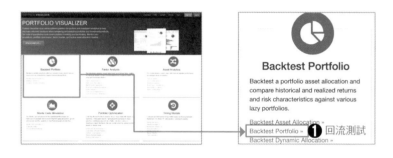

通常只需選定要測試的年度範圍，並在「Portfolio Assets」（投資組合資產）填寫要回測的證券代號及權重即可。我們將回測條件設定為最近 20 年（2001～2021 年），並設定條件為「初始投資一筆 1 萬元」、「股息再投入」、「每年再平衡」，其他皆採取系統預設值，再填入 IVV、TLT、BIL 這 3 檔 ETF 進行測試，可以自訂權重做不同組合的比較，每次試算總共可輸入 3 種不同的組合：

組合1（Portfolio #1）：IVV（34%）＋ TLT（26%）＋ BIL（40%）。

組合2（Portfolio #2）：IVV（56%）＋ TLT（44%）。

組合3（Portfolio #3）：IVV（100%）。

其中，組合2就是「最佳效率組合」的配置；組合1是「最佳效率組合」但採取0.6倍槓桿，也就是加入了40%的無風險資產；組合3則是全部都是 IVV，沒有 TLT，也沒有 BIL。

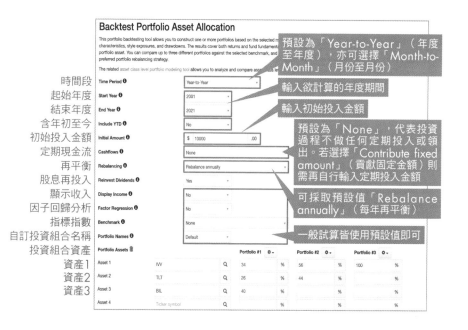

　　這 3 個組合都是從 2007 年 12 月 31 日投資 1 萬元，截至 2021 年 7 月 31 日為止的績效。

　　從下圖可以看到，組合 2（最佳效率組合）的「Final Balance」（期末金額）3 萬 6,517 元，年化報酬率（CAGR）10%，比起組合 3（單獨投資 IVV）的期末金額 3 萬 9,513 元，年化報酬率 10.64%，並沒有差太多（下圖❶）。但組合 2 的「Stdev」（標準差）只有 8.93%，而組合 3 卻高達 15.66%（下圖❷）。

Portfolio Returns

Portfolio	Initial Balance	Final Balance	CAGR	Stdev	Best Year	Worst Year	Max. Drawdown	Sharpe Ratio	Sortino Ratio	US Mkt Correlation
Portfolio 1	$10,000	$22,883 ❶	6.28% ❶	5.33%	15.11%	-3.13%	-12.56% ❶	1.06	1.68	0.72
Portfolio 2	$10,000	$36,517 ❶	10.00% ❶	8.93%	23.71%	-5.80%	-21.18% ❶	1.05	1.66	0.71
Portfolio 3	$10,000	$39,513 ❶	10.64% ❶	15.66%	32.30%	-37.02%	-48.25% ❶	0.69	1.02	1.00

❶　　　　❷

　　從下圖的回流測試走勢圖來看，紅色線條的組合 2（最佳效率組合）及橙色線條的組合 3（100% 投資 IVV），累積報酬率沒有相差太多，但是紅色的組合 2 走勢相對平穩許多。尤其是在 2008 年金融海嘯（下圖❶），以及 2020 年 3 月 19 日美股暴跌的股市熔斷事件（下圖❷），紅色組合表現都穩健許多。

　　藍色線條的組合 1（0.6 倍最佳效率組合）的走勢更平穩了，因為最佳效率組合只占了 60%，剩下的 40% 投入類似無風險報酬的 BIL，10 年來累積的期末金額也有 2 萬 2,883 元，相當於 128.83% 的累積報酬率，年化報酬率 6.28%，而標準差也只剩 5.33%。

　　組合 1（0.6 倍最佳效率組合）及組合 2（最佳效率組合）的夏普比率分別落在 1.06 及 1.05，兩者非常一致，也代表 BIL 確實可取代無風險報酬商品。台灣沒有 BIL 類似的 ETF，投入定存的結果也是一樣的。

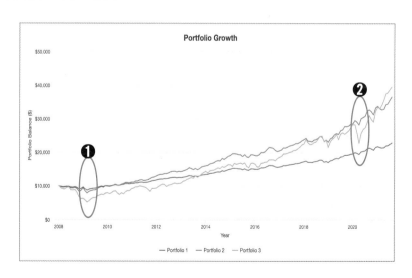

資產配置可能隨市場變動失衡，每年再平衡一次即可

資產配置的重點在於每一項資產所占的權重，可是風險性資產的報酬率每年都不一樣，當配置完一段期間後，風險性資產的權重必然會改變，這時候的最佳風險性組合就偏離了。因為這樣，經過一段期間後，我們就得讓最佳效率組合重回正軌，也就是執行「再平衡」，將過高比重的資產轉移至過低比重的資產。再平衡的期間不用過短，每年或每半年再平衡一次就可以了。短期間的偏離會較大，但是隨著時間拉長，偏離也會回歸。

在 Portfolio Visualizer 網站回流測試工具當中，有一項「Rebalancing」（再平衡）就是可以讓我們選擇再平衡期間，預設值為「Rebalance annually」（每年再平衡），另外也有「Rebalance semi-annually」（每半年再平衡）、「Rebalance quarterly」（每季再平衡）、「Rebalance monthly」（每月再平衡）、「No rebalancing」（無再平衡）等選項。

圖 2 是用上述回流測試的 3 種組合範例，以不同再平衡期間所得到的結果。可以看到，雖然期末金額以「無再平衡」最高，但我們是要求最有效率的投資，因此主要還是觀察夏普比率

圖2 資產配置若不做再平衡，夏普比率明顯較低
—— 不同期間的再平衡分析

每月再平衡

Portfolio	Initial Balance	Final Balance	CAGR	Stdev	Best Year	Worst Year	Max. Drawdown	Sharpe Ratio	Sortino Ratio	US Mkt Correlation
Portfolio 1	$10,000	$16,748 ❶	4.99% ❶	2.93%	10.50%	0.00%	-2.31% ❶	1.49	2.91	0.69
Portfolio 2	$10,000	$26,533 ❶	9.66% ❶	5.87%	19.53%	-1.81%	-5.12% ❶	1.51	2.96	0.69
Portfolio 3	$10,000	$33,264 ❶	12.03% ❶	7.34%	24.28%	-2.75%	-6.56% ❶	1.51	2.97	0.69

每季再平衡

Portfolio	Initial Balance	Final Balance	CAGR	Stdev	Best Year	Worst Year	Max. Drawdown	Sharpe Ratio	Sortino Ratio	US Mkt Correlation
Portfolio 1	$10,000	$16,978 ❶	5.13% ❶	2.91%	10.41%	0.03%	-2.25% ❶	1.54	3.07	0.66
Portfolio 2	$10,000	$27,197 ❶	9.92% ❶	5.82%	19.25%	-1.74%	-4.97% ❶	1.56	3.13	0.67
Portfolio 3	$10,000	$34,259 ❶	12.34% ❶	7.27%	23.86%	-2.64%	-6.37% ❶	1.56	3.14	0.67

每年再平衡

Portfolio	Initial Balance	Final Balance	CAGR	Stdev	Best Year	Worst Year	Max. Drawdown	Sharpe Ratio	Sortino Ratio	US Mkt Correlation
Portfolio 1	$10,000	$16,865 ❶	5.06% ❶	2.93%	10.70%	-0.24%	-2.45% ❶	1.51	2.91	0.66
Portfolio 2	$10,000	$26,419 ❶	9.61% ❶	5.76%	19.38%	-2.22%	-5.51% ❶	1.53	2.96	0.67
Portfolio 3	$10,000	$32,743 ❶	11.86% ❶	7.15%	23.71%	-3.21%	-7.02% ❶	1.53	2.96	0.67

無再平衡

Portfolio	Initial Balance	Final Balance	CAGR	Stdev	Best Year	Worst Year	Max. Drawdown	Sharpe Ratio	Sortino Ratio	US Mkt Correlation
Portfolio 1	$10,000	$19,591 ❶	6.56% ❶	4.46%	15.24%	-1.30%	-5.16% ❶	1.32	2.41	0.76
Portfolio 2	$10,000	$28,722 ❶	10.48% ❶	6.91%	22.64%	-2.92%	-7.66% ❶	1.40	2.56	0.76
Portfolio 3	$10,000	$33,288 ❶	12.03% ❶	7.80%	25.23%	-3.48%	-8.46% ❶	1.43	2.62	0.75

資料來源：Portfolio Visualizer

（Sharpe Ratio）。

可以發現，只要有做再平衡，無論頻率是每季、每月或每年，夏普比率都落在 1.5 上下，期末金額也沒有太大變化。但是若沒有再平衡，夏普比率只剩下約 1.4，這代表雖然報酬率變高了，但是標準差也變大了，而且標準差提高的比率高於報酬率提高的比率。

使用期貨 ETF，達成 1 倍以上財務槓桿

財務槓桿是持有資產與投入資金的倍數，若要使用 1 倍以上的槓桿，除了使用貸款，透過期貨也可以達到同樣的效果。例如元大台灣 50 正 2（00631L）、國泰臺灣加權正 2（00663L）等 ETF，會追求單日報酬達到所追蹤指數的 2 倍報酬。

期貨是一種契約的買賣，約定在未來特定時間點，以約定價格履行契約所訂定的交易。期貨可以是股票、商品或指數，可以用來套利、避險以及賺取價差。

例如想要投資美國 S&P 500 指數，除了可以持有美股代號

IVV 及國內證券代號元大 S&P500（00646）這兩檔 ETF 之外，也可以持有 S&P 500 的指數期貨。期貨本身就具備財務槓桿，所以要承作 S&P 500 指數的槓桿也很容易，而且這檔指數期貨在台灣也買得到，期貨契約代碼為 SPF（詳見圖 3），例如在 2021 年 8 月 4 日當天可交易月份為 2021 年的 9 及 12 月份以及 2022 年 3、6、9 月份。

　　來看看 2021 年 8 月 4 日當日的 SPF 行情表，最久履約日期可以是 1 年後的期貨，可以看到距今時間愈久遠的月份，交易量愈少（詳見圖 4）。期貨的理論價格會非常接近現貨價格，例如當天 SPF 的收盤價是 4,423.15 點，而 SPF 2021 年 12 月最後成交價為 4,401 點；假若以這個價格買入，到期日以前若指數漲到 4,600 點，這時候的期貨價格也會落在 4,600 點附近，那時若以 4,605 點賣出，價差 204 點，每 1 點為新台幣 200 元，可獲利 4 萬 800 元。

　　購入期貨契約時，僅承諾到期時的買或賣價格，並不須支付價金，直到平倉（了結期貨部位）時才要結算價差。但為了避免投資者違約，券商會要求繳交適當的保證金，而且每日結算。以凱基期貨為例，2021 年 8 月 4 日的 SPF 原始保證金每口 5 萬

圖3 台灣便可買到交易美國標普500指數的期貨
——美國標普500期貨（SPF）規格表

臺灣期貨交易所股份有限公司
「美國S&P 500股價指數期貨契約」規格

項目	內容
交易標的	美國S&P 500®股價指數
中文簡稱	美國標普500期貨
英文代碼	SPF
交易時間	• 本契約之交易日同本公司營業日 • 一般交易時段之交易時間為營業日上午8:45~下午1:45 • 盤後交易時段之交易時間為營業日下午3:00~次日上午5:00。但到期月份契約最後交易日僅交易至下午10:30，遇美國夏令日光節約期間(Daylight Saving Time)，則為下午9:30
契約價值	美國標普500期貨指數乘上新臺幣200元
契約到期 交割月份	• 三月、六月、九月、十二月，五個接續的季月 • 新交割月份契約於到期月份契約最後交易日之次一營業日一般交易時段起開始交易
每日結算價	原則上採當日一般交易時段收盤前1分鐘內所有交易之成交量加權平均價，若無成交價時，則依本公司「美國S&P 500股價指數期貨契約交易規則」訂定之
每日漲跌幅	採用一一般交易時段每日結算價±7%、±13%、±20%三階段漲跌幅度限制
最小升降單位	指數0.25點（新臺幣50元）
最後交易日	到期月份第三個星期五
最後結算日	最後交易日之次一營業日
最後結算價	最後交易日標準普爾道瓊指數編製公司(SPDJI)計算之美國S&P 500股價指數特別開盤價(Special Opening Quotation, SOQ)
交割方式	現金交割，交易人於最後結算日依最後結算價之差額，以淨額進行現金之交付或收受
部位限制	• 交易人於任何時間持有本契約同一方之未了結部位總和，不得逾本公司公告之限制標準 • 法人機構基於避險需求得向本公司申請放寬部位限制 • 綜合帳戶，除免主動揭露個別交易人者適用法人部位限制外，持有部位不受本公司公告之部位限制
保證金	• 期貨商向交易人收取之交易保證金及保證金追繳標準，不得低於本公司公告之原始保證金及維持保證金水準 • 本公司公告之原始保證金及維持保證金，以「臺灣期貨交易所結算保證金收取方式及標準」計算之結算保證金為基準，按本公司訂定之成數加成計算之

資料來源：台灣期貨交易所

圖4 **期貨契約距今時間愈久，交易量愈少**
——美國標普500期貨（SPF）行情表

日期：2021/08/04

美國標普500期貨（SPF）行情表

2021/08/04 08:45~13:45 一般交易時段行情表
單位：口(成交量、未沖銷契約量)

契約	到期月份(週別)	開盤價	最高價	最低價	最後成交價	漲跌價	漲跌%	*盤後交易時段成交量	*一般交易時段成交量	*合計成交量	結算價	*未沖銷契約量
SPF	202109	4407.75	4412.25	4407.75	4412.25	▲21.75	▲0.50%	77	31	108	4412.25	340
SPF	202112	4401	4401	4401	4401	▲29	▲0.66%	46	1	47	4401	108
SPF	202203	-	-	-	-	-	-	0	0	0	4417.25	1
SPF	202206	-	-	-	-	-	-	0	0	0	4390.25	1
SPF	202209	-	-	-	-	-	-	0	0	0	4366.75	0
							小計：	123	32	155		450

資料來源：台灣期貨交易所

7,000 元，維持保證金為 4 萬 4,000 元。

隨著每日交易變化，當帳上虧損超過保證金最低門檻，投資者就得補足適當的保證金，否則會被迫平倉了結。

期貨只結算價差，並未要求實際投入金額，因此僅需繳交部分的保證金，而這種投資方式也代表期貨可以操作相當大的槓桿倍數。事在人為，雖然有很大的財務槓桿空間，不代表投資者就一

定得執行很大的財務槓桿，財務槓桿可大可小，就看投資者如何利用。

例如 SPF 2021 年 12 月這檔期貨，成交價 4,401 點，每點新台幣 200 元，買入一口契約等於持有價值 88 萬 200 元的 S&P 500 指數。契約價值跟投資者投入資金的比值就是財務槓桿倍數：

舉例 1》 投入金額為 88 萬 200 元，財務槓桿為 1 倍。
舉例 2》 投入金額為 44 萬 100 元，財務槓桿為 2 倍。
舉例 3》 投入金額為 176 萬 400 元，財務槓桿為 0.5 倍。

期貨保證金帳戶只有最低金額限制（以上述例子為 5 萬 7,000 元），並沒有限制最高金額，只要投入資金全部置於保證金帳戶且不動用，那麼「持有契約價值除上保證金」就是投資者使用的財務槓桿倍數。

範例》 1.8 倍 S&P 500 指數財務槓桿操作

接下來實際看看，以 1.8 倍財務槓桿操作 1 口 SPF，該存入多少保證金？以及期貨到期時會造成什麼影響？

若成交價為 4,401 點，那麼每一口契約的價值 88 萬 200 元；也就是說，保證金帳戶得存入 48 萬 9,000 元（＝880,200/1.8），而且這保證金不得動用才行。當到期時，指數上漲 10% 或下跌 10% 的狀況如下：

狀況 1》到期時指數上漲 10%

若是到期時指數漲了 10%，來到了 4,841 點，每口契約獲利 440 點，一口契約獲利 8 萬 8,000 元，投資報酬率為 18%（＝88,000/489,000×100%）。

狀況 2》到期時指數下跌 10%

若到期時指數下跌 10%，來到了 3,961 點，每口契約虧損 440 點，一口契約虧損 8 萬 8,000 元，投資報酬率為 -18%。

也就是說，使用 1.8 倍的槓桿，投資者的報酬率就是指數報酬率的 1.8 倍。

要特別注意的是，我一再強調資產配置並不是靠短線操作獲利，而是靠長期持有。然而期貨有一定的到期日，看起來並不是很適合資產配置使用；其實只要快到期就先平倉，再持有更久遠

的期貨，也就是滾動持有，就可以解決這個問題。當然，這種方式在管理上較為麻煩，通常只會在槓桿倍數大於 1 倍時，才用期貨操作。

回流測試》1.8 倍最佳效率組合

最佳效率組合「IVV（56%）＋ TLT（44%）」近 10 年的平均報酬率為 12.29%，標準差 7.33%；而 100% 的 IVV 平均報酬率為 15.17%，標準差 13.25%。看起來「最佳效率組合」的報酬率低了許多，但標準差也低了很多；如果願意承受與 IVV 相同的波動風險，那麼將「最佳效率組合」加上 1.8 倍的財務槓桿，就能創造更高的報酬率，而標準差跟 IVV 差不多。

實際計算後可以知道，用了 1.8 倍的財務槓桿，最佳效率組合的標準差會提高到 13.27%，幾乎跟 IVV 一致；但是平均報酬率卻可達到 22.1%，遠超過 IVV。

同樣運用 Portfolio Visualizer 網站，進行這兩種資產的回流測試（詳見下圖）：

❶組合 1（Portfolio #1）：IVV（100.8%）＋ TLT（79.2%）

＋ BIL（-80%）。

❷組合 2（Portfolio #2）：IVV（100%）。

組合 1 是 1.8 倍槓桿的最佳效率組合，由於原始最佳效率組合為 IVV（56%）、TLT（44%），放大 1.8 倍後持有權重分別是 100.8% 及 79.2%，加總等於 180%。因此無風險資產的 BIL 權重就必須填入 -80%，讓組合 1 的權重合計為 100%。

測試結果如下圖所示，Portfolio 1（1.8 倍財務槓桿最佳效率組合）的期末淨值為 7 萬 2,903 元（下圖❶），相當於累積報酬率 629%，年化報酬率 20.7%。

而 Portfolio 2（100% IVV）期末淨值為 4 萬 3,059 元（下圖❷），相當於累積報酬率 330.6%，年化報酬率 14.8%。1.8 倍財務槓桿組合的報酬率明顯大勝 100% IVV，且 1.8 倍槓桿組合的標準差 12.5%，還比 100% IVV 的 13.3% 略低。

Portfolio Returns

Portfolio	Initial Balance	Final Balance	CAGR	Stdev	Best Year	Worst Year	Max. Drawdown	Sharpe Ratio	Sortino Ratio	US Mkt Correlation
Portfolio 1	$10,❶	$72,903 ❸	20.65% ❸	12.50%	40.96%	-7.12%	-12.80% ❸	1.53	2.96	0.67
Portfolio 2	$10,❷	$43,059 ❸	14.79% ❸	13.25%	32.30%	-4.47%	-19.56% ❸	1.07	1.76	1.00

再從走勢圖來看，藍色線條是 1.8 倍財務槓桿組合，紅色線條是單獨 IVV，可以看到波動程度都差不多，但是藍色線條最後高出許多（下圖❶）。

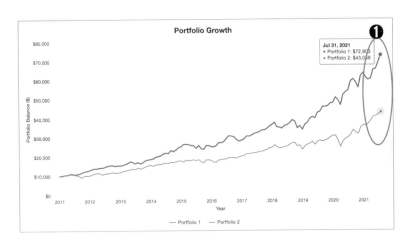

3-8 年輕、中年、退休族群 資產配置應用範例

　　人生在每一個階段所承受的風險程度都不一樣，資產配置也應該跟著調整才是。傳統觀念都是依年齡不同，調整股、債部位的權重，並且建議風險承受度高的年輕人，股票資產的權重要比債券資產多一些；再隨著年紀增長，減少股票資產的權重，並提高債券資產的權重。

不同階段都應持有最佳效率組合，只需調整定存權重

　　但從資產配置的角度來看並不是這樣，不論投資者個人的風險承受度如何，需持有的風險性資產都應該是「最佳效率組合」；再因應不同的風險承受度，調整分配至定存和最佳效率組合的資金權重，就可以藉此調整風險（標準差）與平均報酬率，同時不會損及夏普比率。

　　也就是說，年輕時可以分配多一些資金到最佳效率組合，分配少一些到定存。當即將退休，或認為自己風險承受度降低的時候，再將投入定存的資金權重提高，投入最佳效率組合的資金權重降低即可。這樣會使得整體資產的平均報酬率及標準差縮小，可是夏普比率不會改變；如此一來，就能確保自己繼續擁有「最佳效率資產」。

　　以美國發行的 ETF 為例，根據最近 10 年歷史資料，可以找出最佳效率資產組合是「56% IVV + 44% TLT」，也就是最高夏普比率組合，平均報酬率為 12.3%，標準差 7.3%。

　　iShares Core S&P 500 ETF（IVV）追蹤美國 S&P 500 指數，iShares 20+ Year Treasury Bond ETF（TLT）是追蹤美國 20 年期以上公債指數，兩檔都是 iShares 發行的 ETF，只能透過美國券商交易；如果不透過券商複委託購買，在台灣也能找到追蹤相同指數的 ETF，分別為元大 S&P500（00646）以及元大美債 20 年（00679B）。

　　我們將「定存」及上述「最佳效率組合」不同資金權重的搭配結果列出來，可以清楚看到不同組合的平均報酬率及標準差變

表1 定存權重愈高，平均報酬率與標準差愈低
——定存＋最佳效率組合未來1年的報酬率落點

定存權重 （%）	最佳效率組合 （%）	平均報酬率 （%）	標準差 （%）	95%落點預估 （%）
0	100	12.3	7.3	-2.4～27.0
10	90	11.1	6.6	-2.1～24.3
20	80	10.0	5.9	-1.7～21.7
30	70	8.8	5.1	-1.4～19.1
40	60	7.7	4.4	-1.1～16.5
50	50	6.5	3.7	-0.8～13.9
60	40	5.4	2.9	-0.5～11.3
70	30	4.2	2.2	-0.2～8.6
80	20	3.1	1.5	0.2～6.0
90	10	1.9	0.7	0.5～3.4
100	0	0.8	0.0	0.8～0.8

註：本表最佳效率組合為「IVV 56% + TLT 44%」

化，也能據以估計未來 1 年的年報酬率可能落點（詳見表 1）。

從表 1 可看出，未來 1 年的報酬率，有 95% 的機率會落在平均報酬率正負兩個標準差之間，也就是表格的最右欄；只要看這張表，就能選擇適合自己風險承受度的組合。

　　由於定存權重愈高，報酬率落點範圍變化就愈小，代表風險愈低，可獲得的報酬率也愈少；投資者可以根據表中的落點預估，挑出適合自己的定存權重。

　　我的建議是年紀愈輕的就選定存權重0%，平均報酬率12.3%，這樣會有95%機率的落點為-2.4%～27%。年紀大或面臨退休者，可以選定存比重60%，這樣平均報酬率也有5.4%，報酬率95%機率的落點為-0.5%～11.3%。

　　當然，這沒有絕對的對錯，投資者還是要根據自己的情況調整。以下提供針對3類年齡層的配置範例給大家參考：

退休族群》60% 定存＋ 40% 最佳效率組合

　　◎資金分配：假設擁有1,500萬元的退休金，則為900萬元放定存，600萬元投入最佳效率組合，也就是336萬元投入IVV，264萬元投入TLT。

　　◎預估表現：這樣的結果每年平均報酬率應該可以有5.4%。只是每一年實際會發生的報酬率並不會固定在5.4%，但有95%

的機率不會超出 -0.5% ～ 11.3% 的範圍；也就是即便虧損也不會超過 0.5%，但也有可能獲利 11.3%。

◎**組合總評**：對已退休的人來說，擁有 900 萬元的無風險定存，應該會感到相當安心。整體資產還能有 5.4% 的平均報酬率，也就是平均一年能產生 81 萬元的獲利，本金還一點都不會少，這樣的退休配置我喜歡！

中年族群》20% 定存＋80% 最佳效率組合

◎**資金分配**：中年族群風險承受度不比年輕人，但仍需要良好的資產成長性，因此可以選擇 20% 的定存，其他 80% 投入最佳效率組合。假設可供投資的總資金為 300 萬元，那麼 60 萬元置於定存，其他 240 萬元投入最佳效率組合（也就是其中 134 萬元投入 IVV，106 萬元投入 TLT）。

◎**預估表現**：預估平均報酬率 10%，波動度 5.9%。

◎**組合總評**：以 72 法則推論，大約 7 年可以翻 1 倍，讓 300 萬元成長到 600 萬元。

年輕族群》100% 最佳效率組合

◎**資金分配**：假設可投資的資金 100 萬元，就投入 56 萬元於 IVV，44 萬元於 TLT。

◎**預估表現**：預估未來可獲得 12.3% 的平均報酬率，以 72 法則推論，大約 6 年可以翻 1 倍。如果嫌這樣報酬還不夠多，使用 1.2～1.5 倍的財務槓桿也還可以。

◎**組合總評**：年輕族群風險承受度高，就不需要定存了，可投資的資金都可以全部投入最佳效率組合，但別忘記先留一筆緊急備用金。由於年輕族群會持續有工作收入，除了初始投資資金，更重要的是要定期投入資金，才能擴大資產規模。100 萬元成長 10% 是 10 萬元，500 萬元成長 10% 是 50 萬元，愈年輕時開始投資，可以愈早實現財富自由。

我們也可以透過「Portfolio Visualizer」網站（www.portfoliovisualizer.com），將上述範例進行過去 10 年的回流測試，其中，代表無風險資產的定存則以美國 1～3 年國庫券——SPDR Bloomberg 1-3 Month T-Bill ETF（BIL）這檔 ETF 代替。

圖1 退休族投資組合最大波段跌幅僅2.45%

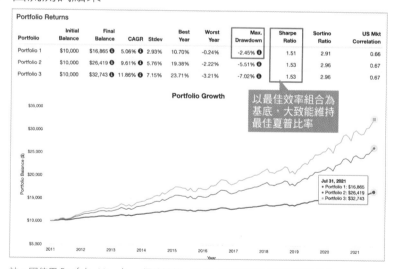

回流測試參數設定

Portfolio Assets			退休族群範例 Portfolio #1		中年族群範例 Portfolio #2		年輕族群範例 Portfolio #3	
美國大型股（S&P 500）	Asset 1	IVV	22.4	%	44.8	%	56	%
美國20年期以上公債	Asset 2	TLT	17.6	%	35.2	%	44	%
無風險報酬資產	Asset 3	BIL	60	%	20	%		%
	Asset 4					最佳效率組合		%

回流測試結果

Portfolio Returns

Portfolio	Initial Balance	Final Balance	CAGR	Stdev	Best Year	Worst Year	Max. Drawdown	Sharpe Ratio	Sortino Ratio	US Mkt Correlation
Portfolio 1	$10,000	$16,865	5.06%	2.93%	10.70%	-0.24%	-2.45%	1.51	2.91	0.66
Portfolio 2	$10,000	$26,419	9.61%	5.76%	19.38%	-2.22%	-5.51%	1.53	2.96	0.67
Portfolio 3	$10,000	$32,743	11.86%	7.15%	23.71%	-3.21%	-7.02%	1.53	2.96	0.67

Portfolio Growth

以最佳效率組合為基底，大致能維持最佳夏普比率

Jul 31, 2021
- Portfolio 1: $16,865
- Portfolio 2: $26,419
- Portfolio 3: $32,743

註：因使用 Portfolio Visualizer 網站試算，採 BIL 作為無風險報酬資產的代表
資料來源：Portfolio Visualizer

可以看到，若將全部資金投入最佳效率組合「56% IVV ＋ 44% TLT」，整體資產的成長性最好，但是波動明顯比較劇烈。

而持有「60% 定存＋ 40% 最佳效率組合」成長性較低，但是波動相對穩定，過去 10 年整體資產的最大波段跌幅也僅有 2.45%（詳見圖 1）。而因為所投入風險性資產的部分都是採最佳效率組合資金比重，因此不論定存比重如何也不會損及夏普比率，這才是最聰明的投資方式。

要再提醒一次，由於最佳效率組合的平均報酬率和標準差，是利用歷史資料計算得來，在不同時期計算的結果多少會有差異；如果想要調整組合，不需要太頻繁，建議每半年或 1 年重新檢視一次即可。

CHAPTER 4

解決實戰問題

4-1 問題1》股市創新高 還能買進ETF嗎？

　　江湖上相傳許多投資策略，只要稍有在股市裡打滾，一定多少知道各種不同武林祕笈，舉凡 KD 法則「在 K 值 20 買進，K 值 80 賣出」、均線法則「低於均線 X% 時買進，高於均線 X% 時賣出」等。

　　不過，身為長期投資者，最好的策略往往也會是最簡單的，「**看準長期趨勢成長的標的，長時間定期定額投入**」，就是我的最佳策略。

市場趨勢長期向上時，用「買進持有」策略最佳

　　我們直接來比較以下常見 3 種操作方法，看看近 3 年以來，在波動如此劇烈的市場當中，哪一種能創造最好的報酬？

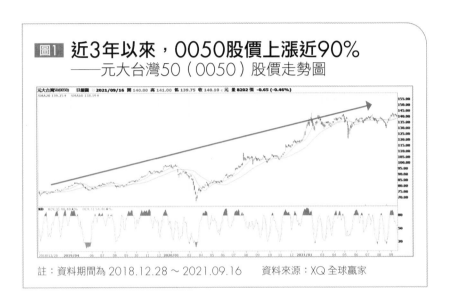

圖1 **近3年以來，0050股價上漲近90%**
——元大台灣50（0050）股價走勢圖

註：資料期間為 2018.12.28 ～ 2021.09.16　　資料來源：XQ 全球贏家

1.買進持有》買進後不做任何操作

　　我們直接用元大台灣 50（0050）試算，2019 年以來台股進入難得一見的大多頭，假設在 2019 年第 1 個交易日（2019 年 1 月 2 日）以 74.05 元買進，並且持有至現在（2021 年 9 月 16 日）的 140.1 元（詳見圖 1）。

　　光是單純買進持有，不做任何操作的情況下，累積報酬率竟高達 89.2%，年化報酬率高達 26.5%。如果再算上配息及股息再

投入，累積報酬率更高達 109.7%，年化報酬率 31.5%。如果投資金額 10 萬元，不計配息就賺了 8 萬 9,200 元，計入配息再投入可是獲利 10 萬 9,700 元。

2. KD 法則》低於 20% 買進，高於 80% 賣出

若以 KD 法則作為交易決策，K < 20% 買進、K > 80% 賣出；以投入本金 10 萬元買賣 0050，從 2019 年 1 月計算至 2021 年 9 月 16 日，一共會出現 6 次操作機會，最後一共只能賺到 7,621 元，累積報酬率只有 7.6%（詳見表 1），而且這還沒有計算買賣手續費及賣出證交稅。

使用這套方法，第 1 次會在 2019 年 5 月 14 日買進、同年 6 月 11 日賣出，這 2 天的收盤價都在 79.5 元上下，因此是沒有獲利的。第 2 次則會在 2020 年新冠肺炎爆發後剛下跌時，買在 88 元～ 89 元左右，並在同年 4 月初剛反彈不久，賣在約 79 元；很明顯地，這次的操作會出現約 10% 的虧損。接下來台股持續震盪上漲，又陸續出現 4 次的操作機會，雖然都有獲利，不過每次都只賺到 2% ～ 8% 不等的累積報酬。

KD 法則的缺點在於，股價短時間出現較劇烈的波動時，容易

表1 依KD買賣0050，近3年累積報酬率僅7.6%

——採KD法則買賣0050回測試算

階段	買入日期	賣出日期	買入淨值（元）	賣出淨值（元）	累積報酬率（%）	期間（日）
1	2019.05.14	2019.06.11	100,000	99,686	-0.30	28
2	2020.02.27	2020.04.08	99,686	89,509	-10.20	41
3	2020.10.30	2020.11.09	89,509	93,942	5.00	10
4	2021.01.29	2021.02.22	93,942	101,709	8.30	24
5	2021.07.27	2021.08.05	101,709	103,648	1.90	9
6	2021.08.17	2021.08.30	103,648	107,621	3.80	13
獲利					7,621元	
累積報酬率					7.60%	

註：1. 假設在 2019.01 ～ 2021.09.16，投入本金 10 萬元交易 0050，並使用 KD 法則，K < 20% 買進、K > 80% 賣出；2. 不計交易手續費及賣出證交稅

太早買進、太早賣出，沒有嘗到股價上漲甜頭就出場。明明是以賺價差為目的，卻老是賺不到漲幅最大的一段，只能看著後續的上漲而悔恨不已。若總是判斷失準，就容易追高殺低，不賺反賠。

3. 均線法則》低於季線 15% 買進，高於季線 15% 賣出

那麼均線法則呢？市場上流傳著很多用法，其中一種是用 60

日均線（季線）當作標準，在股價跌落 60 日均線某個程度時被視為超跌，很可能接下來會回歸到 60 日均線附近，因此被作為判斷買進的依據；反之，則視為賣出的依據。

我們就以「低於 60 日均線 15% 時買進，高於 60 日均線 15% 時賣出」來做回測試算。這個方法在過去 3 年當中，只發生過一次操作機會，那就是在 2020 年 3 月新冠肺炎疫情股災時買進，並於同年 7 月底股市反彈後一段時間賣出，同樣投入 10 萬元，最後可獲利 3 萬 4,581 元，累積報酬率為 34.6%。

均線法則的報酬看起來比 KD 法則要好，但還是輸給買進持有策略（詳見表 2）。若只是單純長期持有市值型 ETF，因股市趨勢必定呈現長期成長，且對低點和高點沒有限制，我們便可以不用在乎股價上漲過程中的起起伏伏；進而避免「跌不夠低不想買進、漲不夠多不想賣出」的難題。

2 方法控制風險，股市高檔也能持續定期定額

因為不知道何時是高點，何時又是低點，因此透過定期定額購入，長期下來的成本必定會靠近平均價格，可以藉此達到分散價

表2 用買進持有策略投資0050，報酬率最佳
——以同樣投入10萬元於0050為例

	買進持有	KD法則	均線法則
策略	買進後持有	K＜20%買進，K＞80%賣出	低於60日均線15%買進，高於60日均線15%時賣出
獲利（元）	10萬9,716	7,621	3萬4,581
累積報酬率（%）	109.7	7.6	34.6
年化報酬率（%）	31.8	2.8	11.7

註：計算區間皆為 2019.01.02 ～ 2021.09.16，不計交易手續費及賣出證交稅，持有期間若有配息則將股息再投入

格、降低風險的效果。

不過，就以現在股市持續處在高檔的態勢，定期定額愈買愈貴，如果哪天來個大崩盤，這段高檔期間買進的單位，遇到崩盤所蒙受的損失會不會需要很長的時間才能漲回來？

近幾年的股市確實很不一樣，尤其 2020 年新冠肺炎疫情爆發以來，各國政府為了救市，為市場注入龐大的資金；過剩的熱錢

讓股市暴漲，的確讓這段期間的定期定額成本愈來愈高。

　　然而，接下來新冠肺炎疫情何時會平息？政府何時停止撒錢？股市何時崩跌？我們無從得知。因此，現在若要投資長期趨勢成長的標的，可以開始思考有何方法可以降低在高檔買股的風險？一般來說有 2 種方法：

方法 1》擴展投資區域，讓風險更分散

　　我一再強調風險分散的重要性，即使我們是以市值型 ETF 投資整個市場，不需要擔心特定股票大跌而造成傷害，但也可以考慮把雞蛋分散放到其他籃子裡，也就是分散投資市場，不要只投資單獨一種市場。

　　投資 ETF 就是看該區域的經濟是否成長，例如買台灣 50 指數，就是看台灣未來的經濟是否持續成長。過去台灣表現不錯，未來是否還會那麼強就很難說了。尤其台灣經濟總是受到台海情勢而影響，最好的辦法就是買區域更廣的 ETF，尤其我最推薦的全球 ETF，例如 iShares MSCI ACWI ETF（ACWI）以及 Vanguard Total World Stock ETF（VT），只要持有這樣的 ETF，未來不管是哪個國家當道，這兩檔 ETF 永遠都是持有全球最值得投資的權

值股。簡單說，讓市場自己決定！

有券商複委託或有海外券商帳戶的投資者，就能直接買到 ACWI 或 VT，只是下單方式比購買台灣投信的 ETF 麻煩一些，投資者可以自行評估。而現在台灣投信推出的 ETF 愈來愈多種，讓我們有機會布局多個國家。只要參考 ACWI 這檔 ETF 的區域比重，也可以自己組一檔全球的 ETF。

例如參考 ACWI 的持股區域比重，我們可以設定如下的資金權重：美國占 60%，其次為歐洲約 20%、日本 10%、台灣 3.5%、中國 6.5%（詳見圖 2），這些國家的 ETF 在台灣都可以買到，只要資金按權重布局即可。雖然與 ACWI 區域比重不盡完全相同，但一定不會偏離太多。唯一缺點就是資金權重須隨著時間重新調整，但頻率也不用過度頻繁，大約 1 年 1 次即可。

方法 2》分階段停利，且接續分批進場

雖然我一向不贊成停利，但近 2 年的台股確實偏離常規過多，若想在此時控制高檔買股的風險，倒是可以考慮「分階段停利」。

具體的方法是先全部停利，接下來立刻將資金分成 12 批，每

月定期定額分批投入;每當報酬率上漲 10% 就停利 1 次,再重複分批投入的動作……直到空頭市場發生為止。這就好似加入了逆止閥的齒輪一樣,只進不退。

而當空頭市場真的來臨時,就可以用之前停利拿回的資金,以更低的成本分批買入。接下來,只要靜待下一波多頭市場來臨,就能有不錯的獲利。

要特別留意,運用這個策略,必須保證當經濟景氣回升時,股價也要跟著上漲才行,因此不適用於個股,只適用於追蹤大盤指數的市值型 ETF。當指數往上走時,ETF 追蹤指數,股價也一定會往上漲;當然大盤下跌時,ETF 股價也會跟著下跌,這時候攤平就不用擔心大盤起來時,ETF 沒有跟上來。

很多人擔心股市在高檔而不敢進場,然而只要有個好策略,就能夠降低在高檔進場的風險,不用猜測未來股市會漲或跌,仍然能夠享受這波多頭的獲利。

上述 2 種在股市高檔的投資策略,以第 1 種「擴展投資區域,讓風險更分散」最佳,第 2 種「分階段停利,且接續分批進場」

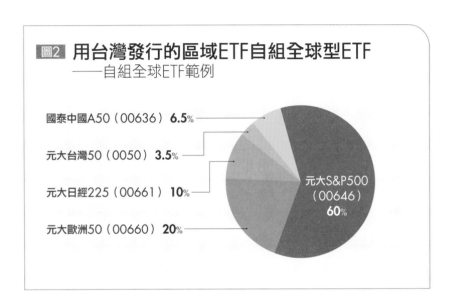

圖2 **用台灣發行的區域ETF自組全球型ETF**
——自組全球ETF範例

國泰中國A50（00636）**6.5**%

元大台灣50（0050）**3.5**%

元大日經225（00661）**10**%

元大歐洲50（00660）**20**%

元大S&P500（00646）**60**%

則是股市偏離常規時的非常手段。

　　不論今天要使用哪種方法，我們永遠要知道，股市是瘋狂的，但同時也無常；台股今天會瘋狂成長，但終將回歸平常。而我們能做的，只有小心面對異常，為即將回歸的如常做準備。

₄₋₂ 問題2》ETF被清算下市 投資者會不會血本無歸？

投資個股，除了擔心股價下跌，更擔心公司倒閉或下市；因為當公司決定解散，清算後的剩餘財產會優先賠償給債主，或支付欠薪、資遣費給員工，股東往往只能落得血本無歸的下場。

那麼，投資 ETF 若也遭到清算，會不會也變成一場空？

自 2003 年台灣 ETF 市場開始交易以來，截至 2021 年已有超過 30 檔 ETF 下市；然而 ETF 本質上既然是基金，即使被清算，也不至於落得像股票一樣的下場。這是因為不管是投資哪一種基金，所有權都屬於我們投資者，而非發行 ETF 的投信。

投信只是負責操盤，投資者的錢會按照法令規範，放在另一個保管銀行；萬一發行機構出現財務危機或倒閉，基金資產才不會

受到任何影響。因此我們也可以看到，ETF 公開說明書的費用明細當中，有一個項目是付給保管銀行的「保管費」。

出現 2 狀況，ETF 會面臨清算風險

那麼，在什麼樣的狀況下，ETF 會被清算？除了基金公司倒閉之外，當發生以下狀況，就會按照投資信託契約當中的規定辦理下市：

狀況 1》股票或債券型 ETF 規模太小

屬於證券投資信託 ETF 的股票型 ETF 及債券型 ETF，若「基金淨資產價值（簡稱淨值）最近 30 個營業日平均值」太低，就必須下市；其中股票型的下市門檻是低於新台幣 1 億元，債券型則為 2 億元。

由於 ETF 成立時的淨值規模多為 2 億元或 3 億元，若操作順利，基金淨值理應逐漸升高；或者有愈來愈多投資者申購，使基金追加募集，都會讓基金淨值愈來愈龐大。因此當股票型及債券型 ETF 淨值降低到 1 億元、2 億元以下，原因之一是基金所持有的一籃子標的出現長期虧損，另一個原因就是遭到投資者從初級

市場大量贖回,也會使得基金淨資產大幅降低。

　例如 2019 年下市的富邦發達、富邦金融、FH 香港,或是 2020 年下市的國泰日本正 2 與反 1 等,都是股票型 ETF,下市原因都是基金淨值近 30 個營業日平均值低於新台幣 1 億元。

　其中以富邦發達這檔 ETF 為例,追蹤的是臺灣發達指數,成分股包含了眾多傳產龍頭股,根據 2019 年 11 月的基金月報,成立 11 年多的累積績效也有 85.26%;然而可能未受投資者青睞,當時的基金淨資產僅剩約 3,400 萬元。這檔 ETF 的最後交易日為 2019 年 12 月 12 日,收盤價為 49 元;而在隔年 1 月完成清算後,投資者可分配到的每單位金額約為 49.65 元,並沒有出現血本無歸的情況。

　尚未開始投資的人,不一定會去留意到基金淨值規模的問題;若真的不想投資到可能會下市的 ETF,投資前也可以將此列入選擇 ETF 的條件。

狀況 2》期貨信託 ETF 淨值過低
　若為期貨信託 ETF,就完全是另一種狀況了,這類 ETF 下市的

門檻為以下兩者之一：

1. 最近 30 個營業日的基金平均單位淨值，較其最初單位淨值累積跌幅達 90% 時：也就是說，假設 ETF 發行時的每單位淨值為 20 元，那麼一旦近 30 日平均值低於 2 元，就必須下市。

投資者最熟悉的例子，就是已經下市的「元大 S&P 原油正 2」及「富邦 VIX」。2020 年年初因為新冠肺炎疫情影響石油需求，加上產油國減產協議破局導致油價大跌，元大 S&P 原油正 2 於當年 3 月 16 日～ 3 月 18 日的每單位淨值，暴跌到 2 元以下，到達當時「近 3 個營業日平均每單位淨值低於 2 元」就要下市的門檻。

不過，當時金管會在 3 月 19 日當天宣布放寬下市門檻，將「近 3 個營業日」拉長為「近 30 個營業日」，並且增訂豁免條款，也就是因國際金融情勢變化而出現大幅波動，可豁免前述下市規定。因此元大 S&P 原油正 2 得以在當年 9 月底之前得到豁免，又繼續在市場上交易。

然而，隨著豁免期結束後 30 個交易日，元大 S&P 原油正 2 的

每單位淨值仍無法回到 2 元之上，終究在 2020 年 10 月申請下市，清算後投資者可分配到的每單位金額為 0.749 元。

為了讓投資者能快速辨識風險，2021 年 3 月起，所有期貨信託 ETF 的簡稱開頭都加上一個「期」字，例如追蹤恐慌指數的富邦 VIX 就更名為「期富邦 VIX」。這檔 ETF 在 2020 年也曾因為新冠肺炎疫情引起的股災而大漲，後來隨著全球股市反彈，市價與淨值都急速下墜，2021 年 6 月因為每單位淨值到達門檻而下市，清算後投資者可分配到的每單位金額約為 1.49 元。

2. 最近 30 個營業日的平均淨值，低於新台幣 2,000 萬元： 這個條件實際上會以該 ETF 的公開說明書為準，目前台灣已發行的期貨信託 ETF 當中，有的下市門檻是低於 2,000 萬元，例如期元大 S&P 黃金（00635U）；期元大美元指數（00682U）為 5,000 萬元；期元大 S&P 石油（00642U）則為 1 億元。

與股票、債券不同，期貨並不具長期成長的特質，本質上就是一種極為投機的標的；一旦看錯方向，下場就是賠錢。期貨一般不建議初學者輕易投資，尤其是期貨 ETF，在不清楚它的內容及風險下就貿然買進是相當危險的。

　　然而，若有一定的投資經驗，期貨還是可靈活運用在資產配置當中，有興趣的投資者可參考本書 3-7。

從公告到下市前，仍有 1 ～ 1 個半月可賣出 ETF

　　從公告下市到真正辦理下市，通常還會有 1 個月～ 1 個半月的時間，在正式下市之前可以直接在市場當中賣掉。若不想賣掉，那麼等到下市程序完成，就會按照清算後的價值，按比率領回屬於投資者的剩餘金額。

　　話說回來，基金若真的走到清算那一步，也會將剩餘的資產退還給投資者。因此投資者要做的，是搞清楚自己所投資的 ETF 究竟是持有哪些標的，並且去投資那些會長期成長的 ETF。只要長期趨勢往上，規模就會愈來愈大，下市機會就愈小，那麼即使 ETF 因為不受其他投資者青睞導致規模太小遭到清算，也不會因此賠錢。

　　然而，要是投資到會長期衰退的期貨信託 ETF，那麼即使現在規模再大，淨值終究會不斷減少；就算還沒走到清算那一步，也早就得承受注定的虧損了。

4-3 問題3》投資高股息型ETF 有可能領不到配息嗎？

很多人為了領配息，專門買標榜配息的 ETF，但又擔心，會不會有一天自己手中的 ETF 會配不出息？

例如，元大高股息（0056）就是國人很喜歡的高股息型 ETF，2020 年 3 月疫情造成股市大幅波動的期間，網路上就出現這檔 ETF 可能不會配息的爭論；因為查看過去的配息紀錄，2007 年 12 月上市的 0056，曾經在 2008 年及 2010 年沒有配息，因此認定 0056 是一檔不見得會年年配息的 ETF。

只要稍微查詢原因就能知道，0056 過去那 2 個年度不配息，是因為沒有達到當時公開說明書裡的收益分配標準，也就是收益評價日（每年 9 月 30 日）的股價要高於發行價格 25 元，才能進行配息。

2008 年評價日當天（2008 年 9 月 30 日），0056 的股價不到 18 元，不符合配息條件。而 2010 年評價日的股價雖有超過 25 元，但是當年仍未配息，根據當年的公告內容可知道原因是「經過會計師審核，本基金可分配金額扣除已實現及未實現資本損失後，無盈餘可供分配」。

後來從 2011 年～ 2019 年 0056 年年配息，但是到了 2020 年又出現可能不配息的爭論後，投信公司也特地發表文章澄清，「只要其持有的成分股有配發股息，元大高股息 ETF 就會配息。」

原來，投信公司早已在 2011 年時，修改了公開說明書當中關於「收益分配」的規定，因此往後評估 0056 配息時，將不再受到股價影響。

配息跟股價原本就是兩回事，配息來自於去年營運的獲利，而股價卻是市場給予的價值；市場經常是不理性的，怎可因為股價下跌而不發配息？就好像台積電（2330）2019 年獲利不錯，但是因為疫情股價大跌，所以 2019 年的配息不得配發，如果真是這樣，台積電股東不跳腳才怪。

從 ETF 公開說明書確認配息標準

若搞不清楚自己所投資的 ETF 配息標準,只要到投信公司的官網,找到該 ETF 的公開說明書當中的「收益分配」條文,就可以清楚了解配息標準及來源是什麼。

就以前述的元大高股息為例,在公開說明書的「收益分配」條文中,就可以看到配息來源如下:

1. 現金股利收入:來自基金所持有股票配發的現金股利,扣除相關費用後即為可分配給投資者的金額。

2. 其他收入:ETF 在收益評價日當天,每單位淨值若大於發行價 25 元,可能會再增配其他收入,如借券收入、已實現股票股利、已實現資本利得扣除資本損失等,但前提是每單位淨值減去預計配息後也要大於 25 元才行。

通常只要標榜配息的 ETF,都會將所投資成分股的股息,扣掉相關費用後拿來分配;除非這一籃子股票全部都配不出股息,否則理應不會發生配不出息的狀況。

　　沒有特別標榜配息的股票型 ETF，則各有各的配息機制，因此的確有可能不配息給投資者。然而，像是追蹤美國 S&P 500 指數的元大 S&P500（00646），雖公開說明書上有寫明為配息機制，但是自從 2015 年年底上市以來截至 2021 年為止，都並未配息給投資者，原因就出在美股的殖利率原本就不高。且台灣投資者並非美國人，要領美國的股息，得先扣稅 30%，可想而知能拿到的股息原本就很少。

　　S&P 500 指數自 2000 年以來平均殖利率約 1.9%，扣除 30% 後約為 1.33%；且近年在美國企業興起買回庫藏股與擴大資本支出下，殖利率變得更低，例如 2021 年預估僅 1.57%。

　　而當基金收到股息之後，還得扣掉經理費、保管費、指數授權費等費用，因此剩餘能分配的收益也相當微薄。然而投資者也不須擔心，因為沒有配出的收益不會消失，而是滾入淨資產當中，仍然屬於投資者所有。

　　不過，00646 本來就不是標榜高配息的 ETF，總報酬才是這檔 ETF 的重點，根據投信投顧公會委託台大教授評比資料，統計日期至 2021 年 9 月為止，00646 累積報酬率 5 年 81.3%，3

年 37.08%，2 年 31.63%，1 年 23.03%，這還是經新台幣升值的結果，原幣別的報酬率就更多了。

長期投資者更應注重含息總報酬

如果投資的是債券型 ETF，那麼一定會有配息可領，因為債券型 ETF 投資的是一籃子債券，每年都會配發債券的利息，除非所持有的債券是零利率或負利率的債券。但若真是如此，那這檔債券型 ETF 也不值得持有了。

再次強調，只要打算長期投資，那麼在選擇股票型 ETF 時，「總報酬（價差＋配息）」絕對比只看配息更重要；投資股票的重點在於公司的獲利成長性，而不是配息多寡；當股票的獲利能夠愈來愈高，會讓股價上漲，也會推升 ETF 的資產價值。想一想，1 年賺到 10% 總報酬，比 1 年領 5% 的配息，哪個比較好？答案應該很清楚了。

只要確認所投資標的能給我們滿意的總報酬，那麼配息要分配多少出來，對投資者而言並不是很重要。表 1 列出了 0056 各年度的配息及總報酬率，總報酬率是以每年 12 月 31 日買入至

表1 **2010年0056沒配息，總報酬率卻有18.9%**
——元大高股息（0056）歷年配息率及總報酬率

年度	除息交易日	除息日參考價（元）	配息金額（元）	配息率（%）	年底收盤價（元）	含息報酬率（%）
2008	N/A	N/A	0.00	N/A	13.49	-48.2
2009	2009.10.23	21.63	2.00	8.46	23.40	88.3
2010	N/A	N/A	**0.00**	N/A	27.82	**18.9**
2011	2011.10.26	23.01	2.20	8.73	22.14	-12.5
2012	2012.10.24	23.10	1.30	5.33	22.78	8.8
2013	2013.10.24	23.33	0.85	3.52	23.06	5.0
2014	2014.10.24	22.96	1.00	4.17	24.16	9.1
2015	2015.10.26	21.65	1.00	4.42	21.85	-5.4
2016	2016.10.26	24.05	1.30	5.13	23.07	11.5
2017	2017.10.30	25.44	0.95	3.60	25.00	12.5
2018	2018.10.23	24.36	1.45	5.62	23.94	1.6
2019	2019.10.23	27.23	1.80	6.20	28.97	28.5
2020	2020.10.28	28.09	1.60	5.39	29.95	8.9
2021	2021.10.22	30.60	1.80	5.56	31.45*	11.0*

註：1. 年底收盤價指年度最後一個交易日；2.＊2021 年收盤價及含息報酬率截至 2021.10.29　資料來源：元大投信、台灣證券交易所

隔年 12 月 31 日的含息總報酬。從表中可以看出，即便 2011
年股價虧損但仍然有配息；至於 2010 年當年雖然沒有配息，可
是總報酬率卻高達 18.9%。想看看，你要的是配息還是總報酬？

任何投資標的都不該只看配息，而是要看投資績效，也就是配
息跟股價的總報酬。不論是股票型或債券型 ETF，配息多少都不
影響投資績效，除非有現金需求的投資者，否則單純追蹤市場指
數的市值型 ETF 更好，這樣才有複利效果。更何況 0056 所收到
持股的現金股利，都是歸 0056 全部持有者所擁有，即便沒有配
出來，這些金額也不會跑掉。畢竟投信公司只是管理 ETF，並非
ETF 的資產擁有者。

而且當 ETF 配息的時候，淨值就會「除息」，也就是把要分配
的現金從 ETF 淨值轉移到持有者手上；若沒配息，也只是暫放在
ETF 淨值當中。所以我們所看到的 ETF 淨值就包含配息的價值，
配息後投資者雖然拿到現金，可是所擁有的 ETF 淨值卻變少了，
這不就是把錢從左口袋拿到右口袋而已？再強調一次，長期投資
是追求資產成長，要爭的是總報酬，而不是一共拿回了多少現金。

問題4》追蹤相同指數ETF 為何績效卻差很大？

4-4

投資者在比較 ETF 的績效時，常常因為沒有使用正確的資訊判讀，導致錯誤的投資決策。尤其是比較國內外投資信託公司所發行的 ETF，又因為計價幣別不同，更是難以判斷。最常被提及的問題是，同樣都是追蹤 S&P 500 指數的 ETF，績效有很大差距，這是正常現象嗎？

就以台灣投信發行的元大 S&P500（00646）這檔 ETF 來說，跟美國基金公司發行的 iShares Core S&P 500 ETF（IVV）這檔 ETF，追蹤的都是美國 S&P 500 指數，照理說走勢及績效都應該一樣才是。

不過，在 2016 年 9 月 12 日～ 2021 年 9 月 8 日這 5 年期間，IVV 的累積報酬率為 129.3%，而 00646 累積報酬率卻只

有 93.1%，兩者差距 36.2 個百分點，這原因到底是什麼？

比較國內外 ETF 績效，須考量匯差因素

　　要比較績效，就得條件一樣才行，不能夠直接用收盤價計算，因為每一檔 ETF 的配息政策不同；收盤價是除息後的價格，必須還原已收到的配息，才是真正的績效。iShares 網站所提供的萬元績效（Growth of hypothetical $10,000）就是在配息還原基礎下計算出來的。

　　假設以美元計算，2016 年 9 月 12 日投入 1 萬美元於 IVV，到了 2021 年 9 月 8 日就會成長至 2 萬 2,932 美元，美元含息報酬率為 129.3%。可是，台灣投資者若以新台幣扣款投資，關心的就會是新台幣報酬率，所以必須將上述美元報酬率用當天匯率換算成新台幣，才會是新台幣含息報酬率。

　　2016 年 9 月 12 日新台幣兌美元匯率為 31.703，投入 1 萬美元等於新台幣 31 萬 7,030 元。到了 2021 年 9 月 8 日，萬元績效為 2 萬 2,932 美元，當天新台幣兌美元匯率為 27.686，換算成新台幣為 63 萬 4,895 元，以新台幣計價的報

酬率只剩下 100.3%。

　雖然美元匯率只下跌 12.67%（31.703 跌至 27.686），可是新台幣報酬率 100.3% 卻比原幣別 129.3% 少了 29 個百分點，可見新台幣報酬率受到匯率的影響不小。上述例子直接用公式計算，也能得到新台幣報酬率僅剩 100.3% 的結果。原幣別報酬率換算新台幣報酬率公式如下：

新台幣報酬率＝（1＋原幣別報酬率）× 期末匯率／期初匯率－1

　IVV 新台幣報酬率＝（1 + 129.3%）×27.686/31.703 － 1 = 100.3%（四捨五入至小數點第 1 位）

「費用率」往往為績效差異關鍵因素

　雖然匯率是造成國內外 ETF 報酬率差異的主要原因，不過比較換算後的新台幣報酬率，IVV 為 100.3%，00646 為 93.1%，仍有 7.2 個百分點的差距；最關鍵的因素，就是「費用率」了。

　基金的費用率代表每年費用占基金淨值的百分比。要比較 ETF

每年的費用率大約差了多少，用累積報酬率看不出來，必須換算成年化報酬率才行，公式如下：

年化報酬率＝（1＋累積報酬率）^（1/ 年數）－1

由此計算，IVV 新台幣計價的年化報酬率為 14.9%，00646 為 14.1%，等於 IVV 平均每年多賺了 0.8 個百分點（詳見表1）。

IVV 的總費用率比較穩定，每年均為 0.03%；而 00646 每年的費用率不一，查詢投信官網的簡式公開說明書，可以知道 2016 年～ 2020 年的各年度費用率分別為 0.92%、0.77%、0.68%、0.85%、0.66%，平均為 0.78%。0.78% 與 0.03% 有 0.75 個百分點的差距，與上述年化報酬率差距 0.8 個百分點就相當接近了。

如果去除費用率的影響，那麼兩檔 ETF 的績效可說是非常相近；本來就應該是如此，ETF 主要就是追蹤指數績效，只要追蹤指數相同，理論上績效就應該一樣。

雖然如此，IVV 基金所領到的股票配息沒有預扣 30% 稅金，而

表1 IVV與00646的年報酬率差0.8個百分點
——IVV及00646投資績效

ETF（代號）	幣別	累積報酬率（%）	年化報酬率（%）	費用率（%）
iShares Core S&P 500 ETF（IVV）	美　元	129.3	18.1	0.03
	新台幣	100.3	14.9	
元大S&P500（00646）	新台幣	93.1	14.1	0.78*

註：1. 資料日期為 2016.09.12 ～ 2021.09.08；2.*00646 費用率為 2016 ～ 2020 年平均值
資料來源：iShares 網站、元大投信

00646 基金所領到股票配息卻已經扣除稅金的所得，所以上述計算出的 0.8 個百分點年化報酬率差距，除了費用率之外，也包含了基金獲得配息的稅金。因此台灣的投資者，若投資 IVV 這檔海外 ETF 雖能領到現金配息，但領到時還要被扣掉 30% 的稅，若投資 00646 這檔國內發行的 ETF 就沒有額外稅金負擔。

　　而費用率的高低，確實會影響到投資者拿到的報酬。只看費用率數字可能沒感覺，我們不妨換個角度來看，假設同樣是 100 萬元淨值：

◎費用率 0.03%，投資者每年被收取 300 元的費用。

◎費用率 0.78%，投資者每年被收取 7,800 元的費用。

這樣的金額差距，看起來就很有感了。

案例 1》iShares Core S&P 500 ETF 與元大 S&P500

IVV 的費用率竟然只有 0.03% 那麼低，主要原因是美國 ETF 的規模本來就比台灣大很多，加上投信之間的競爭激烈，費用率才會這麼低。而且 S&P 500 指數的權值股都是美國股票，iShares 所屬的貝萊德就是美國公司，管理成本當然也相對低廉；而元大投信是台灣公司，要追蹤國外指數需要支付額外費用，成本肯定也會比較高。

反過來看，iShares 發行追蹤台灣指數的 ETF，費用也會比追蹤美國指數的 ETF 高，例如追蹤 MSCI 台灣指數的 iShares MSCI Taiwan ETF（EWT），年費用率高達 0.59% 就是最好的例子。

圖 1 是 IVV 及 00646 的萬元績效走勢，可以看出 IVV 美元績效走勢和 00646 新台幣績效走勢差距甚大；但 IVV 新台幣績效走勢經過匯率調整後，與 00646 新台幣績效走勢就幾乎一致，

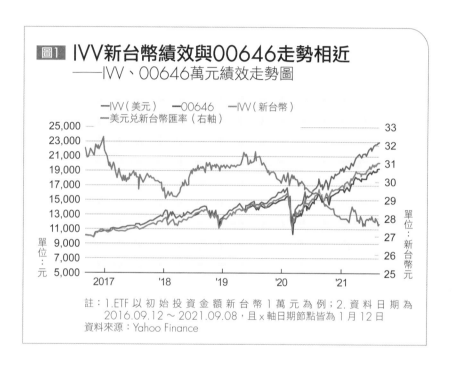

圖1 **IVV新台幣績效與00646走勢相近**
——IVV、00646萬元績效走勢圖

—IVV（美元） —00646 —IVV（新台幣）
—美元兌新台幣匯率（右軸）

註：1.ETF 以初始投資金額新台幣 1 萬元為例；2. 資料日期為 2016.09.12 ～ 2021.09.08，且 x 軸日期節點皆為 1 月 12 日
資料來源：Yahoo Finance

兩者之間的差距就是費用率了。

　　可以注意到，隨著時間拉長，即便費用率沒變，IVV 的新台幣績效走勢與 00646 的新台幣績效走勢的差距，也會愈拉愈大；這是因為費用率也有複利效果，淨值會成長，費用當然也會跟著成長。

也因此，1 年費用被收走多少較容易理解，可是長期持有會被收走多少金額，並不是直接用每年費用直接乘上年數。最簡單的計算方式是指數及 ETF 績效的差額，就是不見了的金額，當中或許不全然是費用，但都是發行 ETF 的投信公司要負責的。

案例 2》元大台灣 50 與富邦台 50

再來，比較同樣是追蹤台灣 50 指數，但分別為台灣不同投信公司發行的 ETF：元大台灣 50（0050）以及富邦台 50（006208），也可以發現費用率對績效造成的差異。

若於 006208 開始成立的第 1 個交易日 2012 年 6 月 22 日為基準，投資 100 萬元於這兩檔 ETF 以及台灣 50 指數，到了 2021 年 9 月 27 日將近 9 年期間，台灣 50 指數報酬率為 294.99%，0050 含息報酬率 278.95%，006208 含息報酬率 267.79%（詳見表 2）。

也就是說，如果當時投入 100 萬元，台灣 50 指數賺了 294 萬 9,900 元，006208 則只賺了 267 萬 7,900 元，當中被收走 27 萬 2,000 元；而 0050 比較好一點，只被收走 16 萬 500 元。

表2 **近5年來，006208總報酬率開始略勝0050**
——台灣50指數、0050、006208含息累積報酬率比較

期間	台灣50指數	元大台灣50（0050）	富邦台50（006208）
近9年報酬率（%）	294.99	278.95	267.79
近5年報酬率（%）	137.84	132.42	138.80

註：近 9 年 資 料 日 期 為 2012.06.22 ～ 2021.09.27，近 5 年 為 2016.09.21 ～ 2021.09.27
資料來源：台灣證券交易所、Yahoo Finance

　　雖然長期的報酬率看起來 0050 高於 006208，可是近 5 年的報酬率卻相反。到 2021 年 9 月 27 日為止，最近 5 年台灣 50 報酬指數報酬率為 137.84%，0050 只有 132.42%，而 006208 卻有 138.80%，顯然 006208 近 5 年的績效優於 0050。觀察這 2 檔 ETF 各年度的費用率，006208 是逐年遞減，而 0050 卻維持原地不動（詳見圖 2），也不難理解會有這樣的結果。

　　所以，比較不同 ETF 的績效要特別注意，尤其是不同國家投信所發行的 ETF 會有匯率差異。此外，雖然費用率對整體績效的確

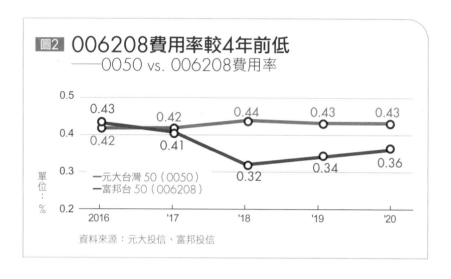

圖2 **006208費用率較4年前低**
──0050 vs. 006208費用率

單位：%

元大台灣 50（0050）
富邦台 50（006208）

2016　'17　'18　'19　'20

資料來源：元大投信、富邦投信

會造成影響，但要切記，得先選對市場，做好資產配置，再去比較追蹤同指數的不同 ETF 費用率。錯誤的判讀就會導致錯誤的投資決策，不得不慎。

4-5 問題5》熱門ETF出現溢價 還能買進嗎？

2020 年下半年以來，美股或台股持續創下歷史高點，ETF 市場也愈來愈蓬勃；甚至出現投資者爭相買進熱門的 ETF，造成明顯的「溢價」。為什麼會溢價？溢價的 ETF 又值不值得買？

我們知道指數型基金所持有的成分股價格，決定了基金淨值的變化；但是當指數型基金掛牌後成了 ETF，其成交價就不會完全等於淨值，而會受買賣力道的影響，使 ETF 成交價有時出現高於淨值的溢價，有時也會出現低於淨值的折價。

ETF 折溢價幅度在 0.5% 以內屬合理範圍

簡單說，如果用溢價買進，當下就是買貴了，用折價買進，就代表當下買得比較便宜。但不管是折價或溢價，只要與當時的淨

值沒有差很多,那就無傷大雅,因為我們在乎的是長期持有的報酬率,而非成交瞬間的微小價差,只要觀察 ETF 每日的變化,就會發現折溢價幅度在 0.5% 以內都是很正常的狀況。

只是,如果用高於淨值太多的溢價買進 ETF,那就大可不必了。例如鎖定於 5G 產業的國泰台灣 5G+(00881),因為買盤的追捧,在 2021 年 1 月 11 日當天,收盤價比淨值多出了 3.86% 的溢價(詳見圖 1)。大幅溢價的例子不僅一椿,2021 年 4 月 19 日是富邦越南(00885)掛牌首日,當天收盤價甚至出現比淨值高出 17.52% 的誇張溢價,好似個股第 1 天發行有蜜月期一樣,真是令人納悶。

一檔 ETF 是否值得買,決定在該市場長期趨勢是否往上,只要是長期趨勢往上,又何必挑在上市第 1 天購買?稍加觀察可以發現,在溢價的 ETF 出現短暫激情之後,市價往往會很快回到淨值附近;因此無論市場再怎麼沸騰,再怎麼看好後市,交易時都應該保持理性,才不會付出過於不合理的成本。

ETF 既然是追蹤指數,就要接近指數績效才有意義;因此儘管市價會受買賣力道影響,卻能憑藉 ETF 的「實物申購買回」機制,

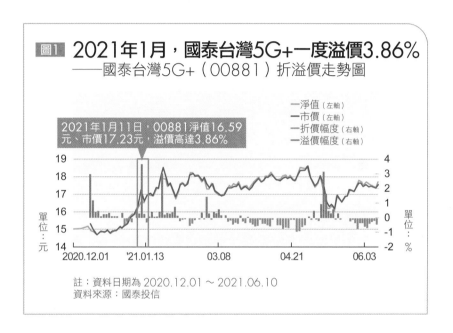

圖1 **2021年1月，國泰台灣5G+一度溢價3.86%**
——國泰台灣5G+（00881）折溢價走勢圖

讓市價總能很快地回歸淨值。

「實物申購買回」機制，讓 ETF 市價能回歸淨值

　　ETF 的交易分為「初級市場」及「次級市場」。初級市場是「參與券商」直接跟發行 ETF 的投信公司交易，也就是申購及買回機制，交易方式又分為「實物申購買回」及「現金交易買回」。

　　參與券商可以用實物（例如股票）或現金，把從初級市場換得的 ETF 拿到證交所交易，也就是我們一般投資人進行交易的次級市場。這過程可以看成批發商（參與券商）直接跟發行商（投信）批貨，再拿到一般拍賣市場（次級市場）買賣一樣。

　　實物申購買回機制的運作方式，用水果禮盒來比喻最貼切不過了。ETF 持有一籃子股票，就好似水果禮盒包含了許多水果一樣；ETF 就是水果禮盒，一籃子股票就是禮盒中的水果。發行 ETF 的投信就好似水果禮盒的發行商，而參與券商就是水果批發商。

　　唯一不同的是，水果禮盒發行商並不會負責買禮盒內的水果，只負責制定禮盒的規格，以及執行包裝與拆包裝的業務。當批發商需要進貨水果禮盒時，必須先自行至市場購入符合規格的水果，交付給發行商進行包裝，最後批發商再領回包裝好的禮盒拿去市場交易。市場上不只可以買賣水果，還多了水果禮盒可交易。

　　水果禮盒是由水果組成的，這些個別水果的市價，加起來的金額就是禮盒的價值（也可視為禮盒的成本價）。當市面上個別水果價格上漲時，禮盒的價值也會跟著上漲，當然水果跌價時，禮盒也會跟著變便宜；也就是說，禮盒的價值是由個別水果價格決

定的。

　　水果禮盒跟個別水果都在市場買賣，要是禮盒的價格出現跟價值不符的情況時，根據經濟學的「一價理論（Law of One Price）」，任何兩個相同的商品，價格必須一樣，否則就有套利空間，而套利行為就會促使禮盒價格回歸至成本價。

　　例如，禮盒發行商發行一盒有 3 種水果的 3 號禮盒，每盒規格為蘋果 4 顆、水蜜桃 4 顆以及奇異果 5 顆。發行商規定只能跟批發商交易，稱為初級市場，一次交易數量以 500 盒為單位；假若目前市價行情是蘋果一顆 50 元，水蜜桃一顆 100 元，奇異果一顆 20 元，那麼一盒 3 號禮盒的成本價就是 700 元。

　　當批發商需要 3 號禮盒時，只能跟發行商申購；批發商就得先準備 35 萬元，至市場買入 2,000 顆蘋果、2,000 顆水蜜桃、2,500 顆奇異果，然後交給發行商進行包裝後，拿回 500 盒 3 號禮盒。若不考慮包裝成本，3 號禮盒能賣的價格也就是成本價每盒 700 元。

　　有時候，市場突然對 3 號禮盒的需求升高，造成許多人買不到，

就出現許多人願意以高於成本價的 800 元購買。批發商看到這個賺錢的好機會，就會趕快去市場上買符合 3 號禮盒規格的蘋果、水蜜桃、奇異果，交給發行商進行包裝，然後趕快拿去市場賣掉。每一禮盒成本 700 元，卻可賣到 800 元，淨賺 100 元，批發商當然非常樂意做這生意；直到市場上 3 號禮盒的需求被滿足，價格才會降回到合理的成本價 700 元。

反之亦然，當市場突然出現一堆人拋售 3 號禮盒，也就是供給過剩時，擁有禮盒的人為了趕緊換現金而願意以 600 元賣出。批發商看到價值 700 元的禮盒有人願意用 600 元賣，這時候又有利可圖了，就會趕快到市場大量收購 3 號禮盒，請發行商將包裝拆開，拿回盒中的蘋果、水蜜桃及奇異果，然後去市場把拆開後的水果賣掉。

每盒買入成本只有 600 元，可是這些水果拆開來卻可以賣到 700 元，每盒價差 100 元，批發商當然很樂意做這門生意。直到市場 3 號禮盒的賣壓被滿足了，市場價格就會回升至合理的成本價 700 元。

ETF 的初級市場是透過批貨商（參與券商）交易，因此一般都

是一次交易 50 萬個單位，也就是以 500 張 ETF 為單位。投信每日都會在官方網站上列出申購買回清單（詳見表 1），意思是每 500 張的 ETF，是由哪些股票及股數組成的，又稱為一籃子股票，這就好似水果禮盒發行商制定禮盒規格一樣。

參與券商向投信申購或買回，若該 ETF 是實物交易機制，參與券商得先從證券市場上購入一籃子股票交付給投信，換得 500 張的 ETF。參與券商也可以拿 500 張 ETF，跟投信交換這一籃子股票。這就是實物交易，類似以物易物的概念（詳見圖 2）。

如果是現金交易，參與券商則要拿出與那一籃子股票相等的現金，向投信申購 ETF。然而，即便券商用現金申購，投信收到款項後也是買入這一籃子股票，就好似投信幫參與券商代購。現金買回也是一樣，參與券商拿 ETF 申請買回時，發行商不再還回一籃子個股，而是歸還與個股市價等值的現金。

每一檔 ETF 都會訂定規則，規定要用實物交易，或用現金交易。像是元大台灣 50（0050）就是一檔實物申購買回的 ETF，根據元大投信在 2021 年 10 月 12 日的「實物申購買回清單」公告，每 500 張的 0050 相當於表 1 所列的一籃子權值股。參與券商

表1 每500張0050的成分股名單及股數
——元大台灣50（0050）實物申購買回清單

股票代碼	股票名稱	股數	股票代碼	股票名稱	股數
1101	台　泥	12,200	2801	彰　銀	15,378
1216	統　一	11,236	2880	華南金	23,028
1301	台　塑	11,413	2881	富邦金	19,596
1303	南　亞	13,233	2882	國泰金	19,368
1326	台　化	8,024	2884	玉山金	29,710
1402	遠東新	9,195	2885	元大金	27,255
1590	亞德客-KY	361	2886	兆豐金	25,516
2002	中　鋼	28,905	2887	台新金	25,384
2207	和泰車	747	2891	中信金	42,524
2303	聯　電	27,309	2892	第一金	23,949
2308	台達電	5,063	2912	統一超	1,315
2317	鴻　海	27,970	3008	大立光	240
2327	國　巨	1,072	3034	聯　詠	1,341
2330	台積電	56,282	3045	台灣大	3,834
2357	華　碩	1,653	3711	日月光投控	8,018
2379	瑞　昱	1,110	4904	遠　傳	3,744
2382	廣　達	6,236	4938	和　碩	4,784
2395	研　華	965	5871	中租-KY	3,111
2408	南亞科	1,917	5876	上海商銀	7,679
2409	友　達	20,627	5880	合庫金	22,966
2412	中華電	8,914	6415	矽力-KY	144
2454	聯發科	3,468	6505	台塑化	3,199
2603	長　榮	6,202	8046	南　電	492
2609	陽　明	3,890	8454	富邦媒	145
2615	萬　海	2,860	9910	豐　泰	1,033

註：資料日期為 2021.10.12　　資料來源：元大投信

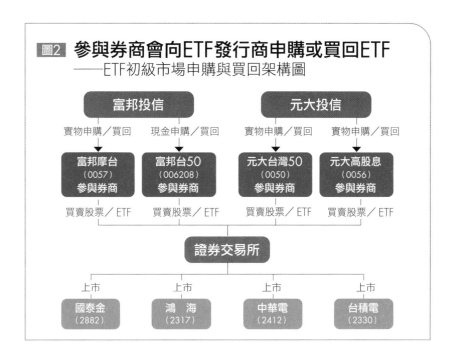

在 2021 年 10 月 12 日可以拿這一籃子權值股，跟元大投信換到 500 張的 0050；也可以用 500 張的 0050，跟元大投信交換這一籃子的股票：這種以物易物的交易過程無關股價，只要股數對就可以。

因此當 ETF 出現折溢價現象，根據「一價定律」，參與券商就

有套利的機會。所謂套利是「不用出任何資金,可以得到無風險的獲利」,而跟水果禮盒的套利一模一樣,這個過程會迫使 ETF 市價趨近於淨值,直到沒有套利機會出現為止。

當 ETF 市價、淨值差異大,券商即有套利機會

例如 0050 於 2021 年 10 月 8 日的淨值 134 元,市價卻是 138 元,出現 4 元的溢價,這時參與券商就有套利機會。套利方式是,參與券商先在市場上用融券賣出 500 張 0050,同時買入相當於 500 張的一籃子股票;等股票交割後,拿著這一籃子股票跟元大投信換得 500 張 0050,再以現券還清先前融券的 500 張 0050(詳見圖 3)。

融券賣出 500 張 0050 時,是以每股 138 元賣出,而同時買入的一籃子股票卻只花費 134 元,所以當中有每股 4 元的價差。由於交易手續費及稅負也要考慮進去,因此價差要高於一定程度,否則也沒有套利空間。

這樣的套利是價差出現之後才會去執行,而且買入一籃子股票及賣出 0050 必須同時執行,才能鎖住價差,否則就會出現風險。

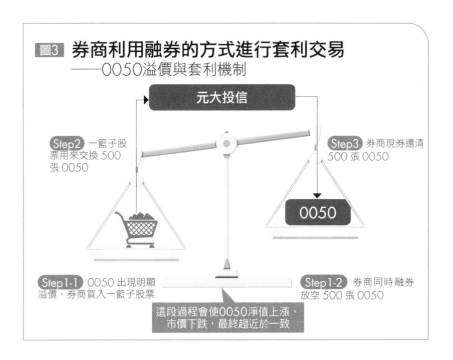

圖3 **券商利用融券的方式進行套利交易**
——0050溢價與套利機制

元大投信

Step2 一籃子股票用來交換 500 張 0050

Step3 券商現券還清 500 張 0050

0050

Step1-1 0050 出現明顯溢價，券商買入一籃子股票

Step1-2 券商同時融券放空 500 張 0050

這段過程會使0050淨值上漲、市價下跌，最終趨近於一致

而因為同時賣出市價較高的 0050、買入市價較低的個別權值股時，會使得權值股買盤增多，使 0050 淨值上漲；同時，0050 也因為賣盤增加而使市價下跌，就會迫使 0050 市價與淨值趨於一致。

反之亦然，當出現「0050 市價低於淨值」的折價情況時，這

時候參與券商也會買低賣高，融券賣出個別權值股，同時買進 500 張 0050；然後拿著買到的 500 張 0050 去跟元大投信交換 500 張的個別權值股並還清融券部位。

挑選 ETF 標的，仍要回歸指數追蹤市場是否值得投資

這就是一價理論，水果禮盒是由個別水果組合而成，所以水果禮盒價格當然要跟盒中水果價格一樣；ETF 是由一籃子股票組合而成，所以 ETF 的價格當然也要跟一籃子股票的價值一樣，否則就有套利的空間。ETF 就是靠著套利機制，讓市價得以貼近淨值。

ETF 並不是個股，個股只要有本夢比，價格就有想像空間，然而 ETF 的本質是指數型基金，所持有的權值股總市值就是這檔基金的淨值，我們買賣 ETF 只是交易該檔基金的受益憑證。所以即便出現折溢價機會，也只是暫時性的，ETF 的價值終會由一籃子權值股的市價決定。因此不合理的折溢價終會消失，不用太介意。

未來，要是再看到新發行 ETF 出現過高的溢價，記得千萬別一窩蜂地搶在溢價時買入，也不要在折價時衝動賣出 ETF。買賣 ETF 的原則，還是要回歸到這個市場值不值得持有。

圖4 投信網站多會提供ETF即時折溢價
——國泰台灣5G+（00881）即時市價淨值走勢圖

註：資料日期為 2021.10.26　　資料來源：國泰投信

　　每一檔 ETF 折溢價的狀況，都可以在發行投信的網站查詢到，目前各投信也會提供即時市價及淨值資訊（詳見圖 4），投資者只要在交易前查詢一下，就不用擔心自己成為用過高溢價買進，或是用過低折價賣出的冤大頭了。

4-6 問題6》 想評估ETF價格高低 該關注哪些指標?

投資 ETF 的首要考量是挑選趨勢向上的市場,並進行有效的資產配置,確保我們在可承擔的風險條件之下獲得最佳報酬。無論目前市場狀況為何,我認為直接進行定期定額就好,因為時間會平均成本,長期投資 5 ～ 10 年之後,定能看到資產成長的效果。

不過,大家往往看到 ETF 跟以前相比,價格已經上漲許多,難免擔心此刻買進,會不會都買在高檔?事實上,當我們挑選的市場是會長期上漲的,那麼持續買進該市場 ETF 的過程中,成本愈墊愈高也是理所當然的。然而 ETF 市價也可能因為景氣不好、遇到空頭市場而出現一段時間的下跌,如果能趁此時多投入資金,還是有助於創造更好的績效。

可是我們該怎麼判定,目前 ETF 的市價是高檔還是低檔?只看

市價並不準確，得要有適當的指標才行。像是在評估一檔個股價格是貴或便宜，會參考「本益比」、「殖利率」、「股價淨值比」等指標；那麼一檔股票型 ETF，也可以比照辦理。

以本益比、股價淨值比估價

股票的殖利率很容易計算，然而 ETF 不是個股，看不到每股盈餘（EPS），又要怎麼計算本益比或股價淨值比呢？很簡單，以個股本益比計算方式來看，是將「股價」除以「每股盈餘」，若要計算股票型 ETF 的本益比，只需要知道它的總市值以及總盈餘就可以了，做法如下：

1. 將該檔股票型 ETF 所持有個股的各自股數乘上每股股價，即可知道 ETF 的「總市值」。
2. 將該檔股票型 ETF 所持有個股的各自股數乘上每股盈餘，全部加總起來就是這檔 ETF 的「總盈餘」。
3. 最後只要把「總市值」除上「總盈餘」，不就是本益比了嗎？

一樣的道理，要計算股票型 ETF 的股價淨值比，可以將它所持有個股各自的股數乘上每股淨值，加總起來就是該 ETF 的「總淨

值」；最後將「總市值」除上「總淨值」就是股價淨值比。雖然本益比、股價淨值比皆可自行計算，但是晨星（Morningstar）的網頁也會提供這些資訊（詳見圖解查詢❶）。

　　雖然晨星提供的 ETF 本益比及股價淨值比數據並沒有很即時，不過這已經是投資者能獲得相關數據最簡易的管道。目前雖然已經可以看到，國內的元大投信有提供 ETF 的最新本益比及股價淨值比，但以整體業界而言仍不普及，期望未來投信公司在這方面的資訊可以更加齊備。

本益比突破歷史區間，代表市價位於相對高檔

　　本益比意義就是還本年數，本益比數字愈高，還本期間愈久，代表股價愈貴。我們可以持續觀察 ETF 的本益比變化，例如一檔 ETF 的本益比多在 12 ～ 15 倍之間，那麼當它漲到 18 倍、20 倍，就代表市價位在相對高檔；當它跌到 10 倍以下，就可視為市價位於相對低檔。

股價淨值比愈高，代表市場賦予未來價值愈高

　　股價淨值比是市價除上淨值，代表市價是淨值多少倍。市價是市場賦予的價格，而淨值則是財務報表的數字，也就是當時的會

計價值。市價高於淨值，代表市場認定未來價值高於目前帳上價值；一般來說，2 倍的股價淨值比是很正常的。股價淨值比愈高，代表該檔個股愈有未來的成長性。

掌握報酬與波動度、費用率等基本資訊

除了本益比、股價淨值比，在評估 ETF 的基本資料時，我們還需要查看它的平均報酬率、波動度、費用率……等數據，國內許多基金網站都會提供相關資訊，例如 FundDJ 基智網、鉅亨網以及晨星等，而平時我在查詢 ETF 的基本資料時，偏好以國際級的晨星網站為主，晨星是知名基金評鑑機構，提供的財經資訊相當完整；如有不足的資料，再到發行該 ETF 的投信公司網站或公開說明書查詢。

只是，晨星網站目前無法同時比較不同國家發行的 ETF，國內的 ETF 要到晨星台灣網站（tw.morningstar.com/tw），若是美國發行的 ETF 得要到晨星美國網站（www.morningstar.com）。以晨星台灣網站而言，雖然網站語言可選擇繁體中文，但是名詞會沿用香港用詞，一般來說可以輕易理解，若有與台灣用詞差異較大的詞彙，在接下來的圖解查詢教學中會加以解釋。

　　其實 ETF 當日交易資訊內容並沒有那麼重要，長期投資者需要
關注的是「績效表現」區域，當中又分為「報酬率」及「股息分配」
兩大部分（詳細查詢步驟及說明詳見圖解查詢❷）。

　　除了報酬率、股息分配之外，還可透過晨星網站查詢 ETF 夏普
比率及標準差（詳見圖解查詢❸），或是篩選 ETF 標的（詳見圖
解查詢❹）。至於其他 ETF 的詳細資訊，本書就不一一介紹，請
讀者自行瀏覽。

圖解查詢❶ 查詢ETF本益比及股價淨值比

Step 1 進入晨星台灣網站（tw.morningstar.com/tw）後，在首頁左上角的搜尋文字框輸入證券代號，例如元大台灣 50 的證券代號是 0050，則輸入 ❶「0050」，就會列出跟 0050 相關的標的；搜尋結果會出現 Equities（股票）、ETFs 兩大類別，❷元大台灣 50 出現在 ETFs 這類別，點選後就會進入該 ETF 的頁面。

Step 2 接著點選❶「投資組合」分頁後，將頁面往下拉可看到「Style Measures」區塊，在❷「Measures」（量測數據）部分就可以看到❸「市盈率」（本益比）及❹「市帳率」（股價淨值比）資訊。要注意的是，基金、組別平均及指數資料時間點有時會不同，從圖中可看出，基金及組別平均的資料日期為 2021 年 9 月 30 日，指數則是 2021 年 10 月 31 日。

從圖中可見，2021 年 9 月 30 日，0050 的本益比為 15 倍，股價淨值比為 2.61 倍。另外，也可以查詢到 0056 同期間的本益比為 8.03 倍，股價淨值比 1.21 倍。0050 因為主要持有成長性較佳的股票，因此本益比及股價淨值比都較 0056 高，這也代表 0050 未來成長性也會比較高；而 0056 因為標榜高股息，本益比、股價淨值比較低也是可預期的。

接續下頁

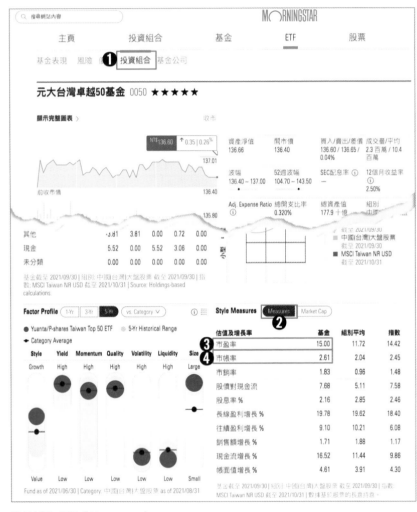

資料來源：晨星（Morningstar）

圖解查詢❷　查詢ETF報酬率與基本資料

Step 1　參考圖解查詢❶的 Step 1 進入 0050 的 ETF 頁面後，預設分頁為
❶「基金表現」。其他分頁還可以查看風險、價格、投資組合以及基金公司
等內容。

我們第一眼就能看到分頁上方顯示這檔 ETF 的最新交易資訊，包括當日的市
價走勢圖、資產淨值、開市價（開盤價）、波幅（當日股價區間）、52 週
波幅（近 52 週的股價區間）、12 個月收益率（近 12 個月現金殖利率）、
以及總開支比率等資訊；而當我們點選其他分頁，❷這塊交易資訊欄位也會
一直固定出現在頁面最上方。

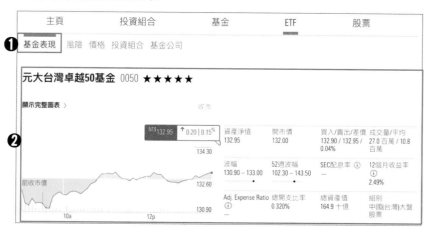

Step 2　將頁面往下拉，可以看到❶「績效表現」的「報酬率」頁面又分為
3 個區塊，要注意的是晨星網站裡的績效表現是指含息的總報酬，也就是資
本利得（價差）及配息再投入加起來的總報酬；報酬率數據都是根據總報酬
的精神計算出來的，而且是已經扣除總費用率的淨報酬。

接續下頁

首先是❷「10,000 之升幅圖」，顯示近 10 年來，每投資 1 萬元之資產累積變化。藍色線條指這檔 ETF 的市價表現、黃色線條為相同組別平均表現、紅色線條為該組別的對比指數表現。要特別説明的是，「對比指數」不是 ETF 所追蹤的標的指數，而是晨星認定該 ETF 所屬組別的對比指數。例如 0050 這檔 ETF 所追蹤的是台灣 50 指數的績效，屬於投資「台灣大型股」這一組別，而晨星認定該組別的對比指數為 MSCI 台灣指數。

從下圖可看出，假設 10 年前投入 1 萬元，截至 2021 年 10 月 4 日，0050 會成長至 2 萬 9,913 元，台灣大型股組別平均則為 2 萬 2,735 元，而台灣大型股組別對應的 MSCI 台灣指數為 2 萬 7,904 元，意味著 0050 的績效在這 10 年，表現得比 MSCI 台灣指數還要好，並非是 0050 與台灣 50 指數的追蹤誤差，要當心別做出錯誤解讀。

若想進一步分析績效走勢圖，只要點選左上方之❸「顯示互動圖表」按鈕。

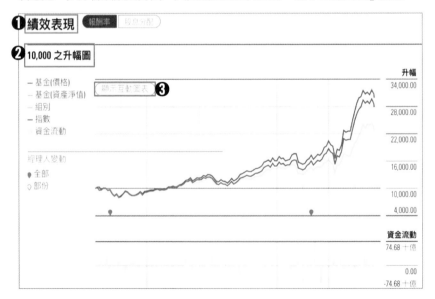

Step 3 接著，就會開啟互動視窗；我們可以任意選擇❶資料區間如 1 個月、3 個月、6 個月、1 年、3 年、5 年、10 年及最大期間，也可以自行指定日期區間。此處先選擇 10 年區間。

點選❷「事件和指數」的按鈕，可叫出「股息」及「技術分析」等各種指標的開關選單。例如開啟「股息」開關後，走勢圖的時間軸上會出現「D」字樣，意思是該時間點有配息，只要將滑鼠移到該點就會顯示詳細配息資訊。對技術分析有興趣的讀者，也可以打開想觀察的技術指標如平均移動、MACD、RSI 等。

如果要加入其他 ETF 比較績效，則可以在❸「添加比較」的文字輸入框內，輸入要比較的基金或 ETF 代號，例如圖中的紅色線條就是元大高股息（0056）的績效走勢。

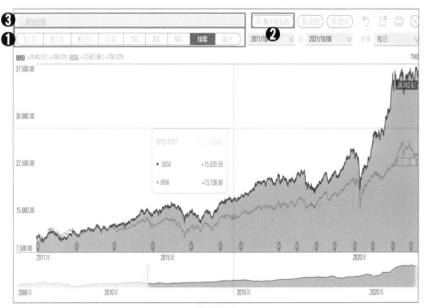

接續下頁

Step 4 而❶總回報表格中，則列出了這檔 ETF 每一年度的報酬率，分別是以價格、資產淨值計算的報酬率，以及相對於組別、對比指數的報酬率差異。

最下方的❷「追蹤回報」，則是從截止日期起算，以價格或淨資產計算的報酬，分別列出 1 天、1 週、1 個月、3 個月、年初至今、1 年、3 年、5 年、10 年的報酬率；其中 3 年、5 年、10 年為年化報酬率，其他為累積報酬率。

總回報%	2011	2012	2013	2014	2015	2016	2017	2018	2019	2020	年初至今
基金(價格)	-15.84	11.93	11.67	16.68	-6.31	19.64	17.13	-4.95	33.52	31.08	11.62
基金(資產淨值)	-15.79	12.42	11.59	16.96	-6.08	18.67	17.39	-4.89	32.97	31.63	11.16
+/- 組別(資產淨值)	1.00	0.36	-2.59	7.33	-1.30	7.49	-1.81	3.75	5.95	8.92	-2.48
+/- 指數(價格)	2.01	0.02	-0.26	0.72	1.93	3.33	-0.63	0.99	0.52	-1.07	-0.94
四分位排名	▤	▤	▤	▤	▤	▤	▤	▤	▤	▤	▤
百分位排名	34	30	57	6	53	1	45	19	14	13	76
組別內的基金數目	66	78	76	76	65	58	57	63	66	74	82

除非另有說明，所有的數據基於淨資產值 | 年初至今基金(價格)截至 2021/10/04 | 年初至今基金(資產淨值)截至 2021/10/04 | 組別: 中國(台灣)大型股票 截至 2021/10/04 | 指數: MSCI Taiwan NR USD 截至 2021/10/04

追蹤回報 Day End　Month End　Quarter End

	一天	一週	一個月	三個月	年初至今	一年	三年	五年	十年
總回報 %(價格)	-0.15	-4.35	-6.31	-4.52	11.45	32.22	20.84	16.87	13.82
總回報 %(資產淨值)	-0.71	-5.18	-6.50	-3.59	11.16	32.38	20.14	16.69	13.76
+/- 組別(資產淨值)	0.44	0.56	0.43	2.03	-2.48	0.32	3.41	3.31	2.97
+/- 指數(資產淨值)	0.00	0.00	-0.01	0.28	-1.40	-2.09	-0.82	-0.06	0.58
四分位排名	▤	▤	▤	▤	▤	▤	▤	▤	▤
百分位排名	24	38	55	29	76	55	25	14	4
組別內的基金數目	92	90	88	87	82	82	58	47	41

TWD | 除非另有說明，所有的數據基於淨資產值 | ETF回報截至 2021/10/04 | 組別: 中國(台灣)大型股票 截至 2021/10/04 | 指數: MSCI Taiwan NR USD 截至 2021/10/04 | 成立日期 2003/06/25 | 大於1年的時間是早年度化計算

Step 5 再來看❶「股息分配」。此區塊左側是❷「最後派息紀錄」，顯示最近 10 次的配息紀錄，由於 0050 從 2017 年開始改為半年配，因此每年都有 2 筆配息紀錄。而頁面右側則為❸「年度派息」，顯示每一年度的每股配息金額。

要特別說明的是，「最後派息紀錄」中的「派息日期」指除息日，「Distrib NAV」是除息日當天的收盤價；第 3 ～ 6 欄指的是配息來源，包括「收入」（收入配發的金額）、「短期資本收益」（短期資本利得）、長期資本收益（長期資本利得）、償還資本（從本金配發）；最後一欄則是當次的每單位配息金額。

雖然表中顯示 0050 的配息來源都是來自「收入」，但有投資 0050 的人應該會發現，實際收到的股息通知書上，所得來源並非全數來自股息，有一部分其實是來自租賃所得（借券收入），這也算是收入的一部分。另外還有一項是「財產交易所得」，而這部分的資訊，在晨星網站上並沒有列出細節。

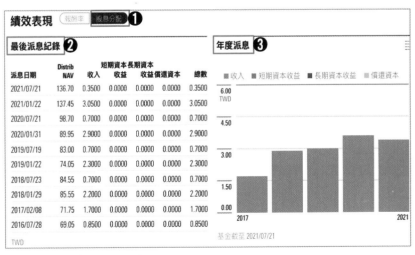

資料來源：晨星（Morningstar）

圖解查詢❸ 查詢ETF夏普比率及標準差

Step 1 參考圖解查詢❶的 Step 1 進入晨星網站中 0050 的 ETF 頁面後，點選 ETF 頁面下的❶「風險」分頁。

將頁面稍微往下拉，就可以看到❷「風險及波動性評估」區塊，本書第 3 章所介紹的夏普比率及標準差數值，都可以在這裡找到。例如截至 2021 年 10 月 31 日，可以看到 0050 的❸「夏普比率」是 1.25，❹「標準差」為 18.52%。

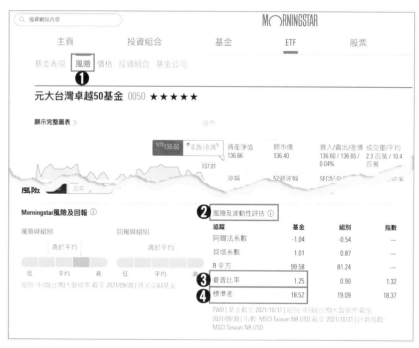

資料來源：晨星（Morningstar）

圖解查詢❹ 根據績效表現篩選ETF

Step 1 進入晨星台灣網站（tw.morningstar.com/tw）後，在最上層選單中點選❶「投資工具」就會顯示晨星提供的各項工具，點選❷「ETF 篩選器」。

Step 2 進入「ETF 篩選器」頁面，上方是篩選條件設定，只要調整好篩選條件，下方就會即時列出符合篩選條件的 ETF。假設我們只設定兩項條件：❶「管理風格」為「被動」；❷「晨星分類」為「台灣大型股票」，就會篩選出 19 檔 ETF。而一開始顯示的篩選結果是呈現❸「概觀」分頁，只能看到 ETF 名稱、收盤價、收益率（殖利率）等基本資訊。

接續下頁

Chapter ④ 解決實戰問題

Step 3 如果想知道哪些ETF表現最好,可點選「短期績效」或「長期績效」。例如點選❶「長期績效」,並點選❷「十年回報(%)」,就會根據10年績效排序,標題會顯示黑色正三角形,代表由小排到大;再點選一次就變成從大排到小,標題則顯示黑色倒三角形。若10年回報欄位為空白,代表此檔ETF成立時間未滿10年。可以看到,若根據10年績效排序,第1名就是❸「Yuanta/P-shares Taiwan Top 50 ETF」,也就是元大台灣50。

雖然晨星台灣網站有提供繁體中文頁面,但篩選結果呈現的ETF名稱都還是英文,不過,只要點選ETF名稱進入該檔ETF的頁面後,就會有中文名稱與詳細資訊,投資者可再對ETF進行評估。

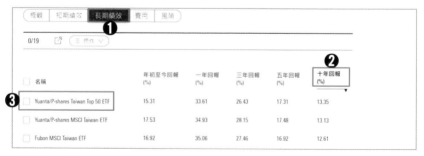

資料來源:晨星(Morningstar)

340

國家圖書館出版品預行編目資料

怪老子教你打造超值ETF組合：訂做自己的資產翻倍
計畫／怪老子著. -- 一版. -- 臺北市：Smart智富文
化，城邦文化事業股份有限公司，2021.11
　面；　公分
ISBN 978-986-06874-4-6(平裝)

1.基金 2.投資

563.5　　　　　　　　　　　　　　110016685

Smart 智富
怪老子教你打造超值ETF組合
訂做自己的資產翻倍計畫

作者	蕭世斌（怪老子）
企畫	黃嫈琪

商周集團
執行長	郭奕伶
總經理	朱紀中

Smart 智富
社長	林正峰
總編輯	劉　萍
總監	楊巧鈴
編輯	邱慧真、施茵曼、陳婕妤、陳婉庭、劉鈺雯
協力編輯	曾品睿
資深主任設計	張麗珍
封面設計	廖洲文
版面構成	林美玲、廖彥嘉

出版	Smart 智富
地址	104 台北市中山區民生東路二段 141 號 4 樓
網站	smart.businessweekly.com.tw
客戶服務專線	（02）2510-8888
客戶服務傳真	（02）2503-5868
發行	英屬蓋曼群島商家庭傳媒股份有限公司城邦分公司

製版印刷	科樂印刷事業股份有限公司
初版一刷	2021 年 11 月
初版五刷	2023 年 02 月
ISBN	978-986-06874-4-6

Smart 智富 讀者服務卡

WBSI0106A1
《怪老子教你打造超值ETF組合：訂做自己的資產翻倍計畫》

為了提供您更優質的服務，《Smart 智富》會不定期提供您最新的出版訊息、優惠通知及活動消息。請您提起筆來，馬上填寫本回函！填寫完畢後，免貼郵票，請直接寄回本公司或傳真回覆。Smart 傳真專線：（02）2500-1956

1. 您若同意 Smart 智富透過電子郵件，提供最新的活動訊息與出版品介紹，請留下電子郵件信箱：

2. 您購買本書的地點為：□超商，例：7-11、全家
　　　　　　　　　　　□連鎖書店，例：金石堂、誠品
　　　　　　　　　　　□網路書店，例：博客來、金石堂網路書店
　　　　　　　　　　　□量販店，例：家樂福、大潤發、愛買
　　　　　　　　　　　□一般書店

3. 您最常閱讀 Smart 智富哪一種出版品？
　□ Smart 智富月刊（每月 1 日出刊）　　□ Smart 叢書　　□ Smart DVD

4. 您有參加過 Smart 智富的實體活動課程嗎？　□有參加　　□沒興趣　　□考慮中
或對課程活動有任何建議或需要改進事宜：

5. 您希望加強對何種投資理財工具做更深入的了解？
　□現股交易　　□當沖　　□期貨　　□權證　　□選擇權　　□房地產
　□海外基金　　□國內基金　　□其他：

6. 對本書內容、編排或其他產品、活動，有需要改善的事項，歡迎告訴我們，如希望 Smart 提供其他新的服務，也請讓我們知道：

您的基本資料：（請詳細填寫下列基本資料，本刊對個人資料均予保密，謝謝）

姓名：	性別：□男 □女
出生年份：	聯絡電話：
通訊地址：	

從事產業：□軍人　□公教　□農業　□傳產業　□科技業　□服務業　□自營商　□家管

您也可以掃描右方 QR Code、回傳電子表單，提供您寶貴的意見。

想知道 Smart 智富各項課程最新消息，快加入 Smart 自學網 Line@。

書號:WBSI0106A1
書名:**怪老子教你打造超值ETF組合**
訂做自己的資產翻倍計畫